FOLIO JUNIOR

Titre original :
The Diddakoi
Édition originale publiée par Macmillan Limited, Londres, 1972

Rumer Godden

La petite fille à la roulotte

Illustrations de Elsie de Saint-Chamas

Traduit de l'anglais
par Gilles Rouche

Gallimard Jeunesse

Pour Emma

Chapitre premier

Bohémienne.

Cling, cling.

Romani, romani qui rit, mange du pissenlit.

Haillons et vieux habits.

Pinces à linge. Qui veut mes pinces à linge ?

Et puis qui veut mes fleurs ?

Bohémienne.

– Si l'un de vous, déclare d'un ton sévère Mrs Blount, l'institutrice, à sa classe, tout en parcourant du regard les rangées de garçons et de filles devant elle, si l'un de vous taquine Kizzy Lovell ou se moque d'elle, il aura affaire à moi.

Vingt-huit regards d'une innocence narquoise soutiennent celui de Mrs Blount. « Comme si c'était possible ! » semblent-ils dire. Le vingt-neuvième regard, celui de Kizzy, reste obstinément baissé ; une étrange sensation de chaleur envahit ses oreilles. Kizzy sait bien qu'ils n'obéiront pas.

– Kizzy doit être un diminutif. Quel est ton vrai prénom, ma petite ? avait demandé peu auparavant Mrs Blount.

– Kizzy.

Mrs Blount avait mis le doigt sur un point sensible. Dans la famille de Kizzy, comme dans certains clans de bohémiens, un enfant reçoit trois prénoms : un prénom secret que la mère chuchote à la naissance et qu'elle redit à l'oreille de l'enfant quand il est grand ; un deuxième prénom « de roulotte », que seuls les siens utilisent, et un troisième, sous lequel le reste du monde le connaît. Kizzy semblait n'avoir que celui-là, mais c'est parce qu'elle n'est qu'à demi bohémienne.

Le père de Kizzy, romani de pure souche, a épousé une Irlandaise mais, aux yeux des enfants, Kizzy est bohémienne. Ils trouvent mi-fascinants, mi-repoussants son teint cuivré et les petits anneaux d'or de ses oreilles ; aucune autre fillette ne porte de boucles d'oreilles en or.

Il y a un garçon que Kizzy aime bien, le grand Clem Oliver.

– Je croyais que les bohémiens avaient les yeux noirs ! Les tiens sont marron très, très foncé. Ils sont beaux. C'est joli, ça aussi, a-t-il ajouté en touchant les anneaux d'or.

– Grand-mère a des louis d'or comme boucles d'oreilles, a répondu Kizzy, rayonnante.

– Jamais vu de louis d'or !

Avec Clem, Kizzy ne se sent ni petite ni effrayée, mais pleine d'importance et d'affection. Pourtant Clem fait partie des grands ; elle ne le voit qu'aux récréations, et les autres se moquent d'elle.

– Ils font même plus que la taquiner, raconte Mrs Blount à Miss Olivia Brooke.

– Mais, Mildred, si vous interdiscz aux gens de faire quelque chose, ils ont encore plus envie de le faire, non ?

La jolie Mrs Mildred Blount et son mari, le jeune inspecteur de la Santé, qui ont amené Kizzy à l'école, logent chez Miss Brooke, au village. En effet, la construction de leur future maison n'est pas encore terminée. Ils ont parlé de Kizzy à Miss Brooke.

– Eh bien, qu'auriez-vous fait ? demande Mrs Blount en haussant le ton.

Elle n'aime pas être reprise à propos des enfants ; après tout, elle sort de l'École normale !

– Peut-être auriez-vous pu les faire s'intéresser à cette petite fille ? La rendre romantique, par exemple. Les bohémiens...

– Les nomades, rectifie Mrs Blount.

– Moi je préfère : bohémiens. Ils ont un côté romantique. Si, par exemple, vous leur aviez raconté des histoires...

Mais Mrs Blount aime mieux ses méthodes à elle.

– Promettez-moi de ne plus taquiner Kizzy, demande-t-elle en classe.

Prenant chaque enfant en particulier, elle lui pose la question : « Tu promets ? »

– Mary Jo, tu promets ?

– Oui, madame.

– Prudence Cuthbert, tu promets ?

– Oui, madame, dit Prue.

– Oui, madame... Oui, madame.

Les réponses viennent, faciles et soumises. Mrs Blount est pleine d'illusions. Mais Kizzy sait que tout recommencera dès que Mrs Blount aura le dos tourné : « Chaudrons à rétamer... Bohémienne... Romani qui rit... Pinces à linge... Vieux habits... »

Kizzy est arrivée à l'école vêtue de neuf ; c'est du moins

ce qu'elle croit. A la différence des nomades hommes qui se font souvent faire des costumes fantaisie, les femmes achètent rarement des vêtements neufs dans des magasins ; elles les font elles-mêmes, on les leur donne, ou elles les achètent à des kermesses de village.

Kizzy adore la jupe écossaise, le tricot rouge et le blazer bleu que toutes les élèves portent à l'école ; les chaussettes blanches aussi ; mais les fillettes raillent :

– Elle porte les affaires de Prue Cuthbert !

– Ces habits sont à moi, dit Kizzy.

– Maintenant, oui. Avant, ils étaient à Prue. C'est la maman de Prue qui les a donnés pour toi.

Or, de toutes, Prudence Cuthbert est bien la pire ! Ce soir-là, Kizzy a mis les vêtements dans le tronc creux d'un vieux pommier du verger, dont le fond est couvert d'eau et de feuilles mortes. Sa grand-mère l'a rossée, mais Kizzy s'en moque ! Personne ne pourra plus porter ces vêtements ; et le lendemain elle met ses habits à elle pour aller à l'école. Et ceux-ci semblent très bizarres aux enfants de l'école. Elle porte une robe de coton rouge cerise, informe et trop longue ; on voit le haut de sa chemise. Son gilet marron a appartenu à un garçon plus fort qu'elle mais, en retroussant les manches, il n'est pas trop grand. Quelques boutons ont sauté, mais sa grand-mère les a remplacés par deux épingles de sûreté. Kizzy marche pieds nus dans ses bottes de caoutchouc.

– Où est ton manteau ? lui demande Mrs Blount.

– Je n'en ai pas besoin, répond Kizzy, l'air renfrogné, car elle n'en a pas et craint de s'en voir donner un.

Plissant son joli nez, Prudence dit que Kizzy dépare l'école et que « ses vêtements sentent ». Ils ont une odeur en effet, mais pas parce qu'ils sont sales : grand-mère les lave souvent et les suspend le long de la haie, pendant que Kizzy s'enveloppe dans une couverture. Ils sentent la nature, les feux de bois et l'odeur du vieux cheval, Joe, qu'elle entoure souvent de ses bras.

– Tu habites une caravane ? lui demande Prue qui, pour la première fois, prend l'air intéressé.

– Dans une roulotte, dit Kizzy.

– C'est une caravane, je l'ai vue.

– Une roulotte, répète Kizzy.

– Dans le verger de l'amiral Twiss. Il vous permet d'y rester, mais il est cinglé.

– Ce n'est pas vrai ! proteste Kizzy avec violence.

– Si, c'est vrai. Tout le monde le sait. Il est cinglé. Il est dingue.

Prudence se plie en deux. Le petit poing dur de Kizzy, dur comme celui d'un garçon, l'a touchée en plein creux de l'estomac.

L'amiral Archibald Cunningham Twiss est appelé plus simplement par tout le monde « amiral Twiss », sauf par son domestique, Peters, et Nat le palefrenier, qui lui disent « amiral » ; Kizzy, elle, l'appelle en secret « monsieur l'amiral ». Il habite le château du village, le château d'Amberhurst, comme toute sa famille l'a fait avant lui. Mais on dit au village que ses ancêtres, eux, « ont vraiment mené grand train, avec domestiques, valets de pied, cocher, palefreniers et jardiniers ». Il n'y a plus maintenant que le domestique de l'amiral Twiss, Peters, qui a servi sous ses ordres dans la Marine nationale, et Nat, le palefrenier aux jambes arquées.

– On n'y trouve pas la moindre femme, disent les gens du village.

– Dieu merci ! commente Peters.

Ni lui ni Nat ne recherchent la compagnie des femmes et l'amiral les évite.

– Je m'en méfie, déclare celui-ci.

Lorsque, depuis les hauteurs voisines, on regarde le village d'Amberhurst, on croirait voir une carte. Les collines vertes et crayeuses s'étendent à perte de vue. Le village n'est pas timidement blotti dans la large vallée, mais se dresse bien en évidence. Son unique rue, très courte, mène au pré communal, où un tas de petites maisons bordent la pelouse. Miss Brooke habite la dernière du pré. La maison neuve et toute blanche des Cuthbert se dresse en haut de la rue. Puis viennent le garage, un jardin maraîcher et le bureau de poste qui sert également de boulangerie. Les terres communales s'étendent jusqu'aux bois d'Amberhurst et jusqu'au parc du château, avec ses vieux châtaigniers. L'école se trouve à l'autre bout. Le château, lui, se dresse au sommet de la butte. Une allée de tilleuls conduit jusqu'aux hautes grilles ; Nat vit là, seul, dans son pavillon.

L'amiral Twiss est mince et élancé. Ses yeux, ses sourcils et sa moustache ont l'air féroce, si bien que les enfants du village le craignent, mais ses mains fines sont douces, comme pourrait en témoigner n'importe lequel de ses chevaux. Habiles aussi : l'amiral construit des maquettes, des bateaux surtout, à voile ou à vapeur, et aussi une maquette d'église, assez grande pour permettre à un enfant de s'y glisser ; il la place aux grilles du château chaque année, à Noël. Mais il n'adresse jamais la parole aux enfants du village.

L'amiral a l'habitude, au crépuscule, d'aller voir ses chevaux avant que Nat ne les ramène à l'écurie. Ils viennent chercher du sucre dans la main de l'amiral et Kizzy se cache toujours derrière les roues de la roulotte pour regarder. Lorsqu'il aperçoit grand-mère, l'amiral soulève son chapeau de tweed et dit : « Bonsoir, Mrs Lovell ». Il ne l'appelle jamais « mère Lovell », « comme certains le font », raconte grand-mère avec fierté.

Il a réservé le verger aux nomades et installé pour eux l'eau, un robinet et un abreuvoir, sous le regard désapprobateur de tout le village.

– Ce sont mes terres, dit l'amiral Twiss. Ils ne font rien de mal. Dans le verger, ils se conforment à mes règles de propreté. De plus, ils aiment les chevaux.

Les enclos se succèdent derrière le verger, là où, de l'autre côté de la haie, les gros chevaux des bohémiens étaient jadis attachés ; il n'y en a plus maintenant : les roulottes sont tirées par des voitures ou des camions.

Le seul cheval qui reste encore est le brave Joe, qui appartient à Kizzy et à sa grand-mère. Joe broute près de sa roulotte, qui est l'une des dernières voitures à chevaux à être encore habitée. Ses roues sont si pourries, ses essieux si rouillés qu'elle ne peut se déplacer. Sa peinture est écaillée, mais les cuivres étincellent et on voit aux fenêtres des rideaux de dentelle empesée. C'est dans cette roulotte que Kizzy est née. Mais sa mère est morte et son père aussi. Kizzy vit avec celle qu'elle appelle grand-mère.

Grand-mère n'est pas la grand-mère de Kizzy, mais son arrière-arrière-grand-mère. Si Kizzy racontait cela aux enfants de l'école, ils seraient fabuleusement impressionnés ! Mais elle ne raconte rien : ni à sa grand-mère sur l'école, ni aux enfants sur grand-mère qui peut bien avoir cent ans !

– Oui, peut-être bien cent ans ; c'est une vraie bohémienne d'antan, dit Mr Blount à sa femme et à Miss Brooke.

Grand-mère fume une pipe en argile ; elle a le visage cuivré et ridé par le vent et la fumée des feux de camp ; ses vêtements sont passés ; elle a perdu ses dents depuis longtemps, mais Mr Blount ajoute :

– Elle a un beau visage fier. On dit qu'elle vit dans le verger de l'amiral Twiss depuis vingt ans, et peut-être plus.

Comme elle vit seule avec sa grand-mère, quelques-unes de ces cent années ont déteint sur Kizzy et la font paraître trop âgée pour sa taille. C'est Kizzy qui emporte leur pauvre sac à provisions à Rye, la ville voisine, pour y faire des courses. C'est encore elle qui va quémander pour Joe, chez les marchands de grains, ce qui est tombé de leurs coffres et de leurs sacs. Même lorsque grand-mère et Kizzy manquent de tout, le vieux cheval a du grain dans sa musette une fois par jour. Et lorsque grand-mère peut se procurer de la bière, elle lui donne la moitié de sa portion. Au printemps, grand-mère réchauffe des

bottes d'osier près du feu pour faire éclore les bourgeons. Ou bien, toujours avec de l'osier qui se travaille facilement, grand-mère fabrique des corbeilles que Kizzy va vendre.

Grand-mère ne peut plus maintenant fabriquer de guirlandes de houx, car ses mains tremblent trop, et celles de Kizzy sont encore trop petites. Mais grand-mère et Kizzy continuent à vivre, heureuses, dans le verger. Lorsque Kizzy n'est pas là, c'est grand-mère qui garde la roulotte et ramasse le petit bois pour le feu. Toutes deux prennent leur petit déjeuner et leur souper en plein air, devant la bouilloire noire qui chante, pendue à son crochet, et Joe se tient près d'elles.

Kizzy n'a pas de jouets, à part une vieille corde à sauter. Mais elle n'a pas besoin de jouets puisqu'elle a Joe. Elle l'étrille avec un vieux peigne spécial et lui lisse la crinière et la queue. Elle reste assise près de lui dans l'herbe, à lui donner des boutons-d'or, dont il est friand. Si elle s'allonge près de lui, il la pousse parfois du museau et lui lèche tout doucement le visage. Une nomade ne trouve pas cela sale.

– C'est vrai, dit grand-mère, ils ne boivent que de l'eau propre. Ce n'est pas comme les chiens. (Les nomades tiennent leurs chiens à l'écart.) Il ne faut pas les laisser entrer dans nos roulottes comme eux les laissent entrer dans leurs maisons ; ces animaux mettent des poils partout.

Pour grand-mère, « eux », ce sont les gadjé, les gens qui ne sont pas bohémiens.

Grand-mère n'a plus de chien maintenant, mais Joe leur tient compagnie. Son dos est si large que Kizzy peut s'y étendre. Elle sent alors le balancement de son corps et le jeu de ses muscles, lorsqu'il parcourt la prairie en mâchonnant. Lorsque les pommes sont mûres, Kizzy se met debout sur le dos de Joe et lui en cueille une. Cela ne gêne pas l'amiral Twiss, car lui-même garde des pommes dans ses poches pour ses poulains et ses pouliches à la robe satinée, des bêtes splendides.

– Et pourtant, je ne t'échangerai jamais ! chuchote Kizzy à l'oreille de Joe.

Mais on ne doit jamais dire « jamais ».

Cette année-là, un jour de février, Kizzy descend de l'autobus ; il lui reste encore deux bouquets de tiges d'osier précoce avec leurs chatons. Comme la maison de Prudence Cuthbert est près de l'arrêt, Kizzy frappe à la porte de derrière. Elle voudrait seulement vendre ses derniers bouquets. Elle ne connaît encore ni Mrs Cuthbert ni Prue.

Mrs Cuthbert est une dame très occupée à faire du bien aux gens, « sans leur demander leur avis », comme dit Peters, le domestique de l'amiral.

– Elle vient toujours frapper à la porte pour demander ceci ou cela ; des fleurs pour l'autel, des légumes pour le stand du club féminin.

– Sir Archibald aurait-il la bonté de laisser libre accès à ses jardins, lors de la semaine du club horticole ? disait-elle.

– Rien à y voir, disait Peters.

– Voudra-t-il bien prêter le parc pour la fête communale ?

– Et effrayer ainsi les chevaux, disait Nat.

– Et abîmer en même temps le terrain de cricket, disait Peters.

– Le village vous en serait reconnaissant.

– Voulez-vous bien faire ceci, faire cela, prêter ceci, donner cela, se moquait Peters.

Mrs Cuthbert est conseillère municipale et membre du Comité paroissial. Elle fait partie du Comité des écoles, de l'Institut des femmes, et prend part au Service volontaire des femmes. Mr Cuthbert, le père de Prudence, avait demandé un jour :

– Ne vaudrait-il pas mieux, ma chérie, t'occuper d'une seule chose à la fois ?

Mrs Cuthbert arrive à s'occuper de toutes, et même du Comité national de protection de l'enfance et de la Société protectrice des animaux. Mrs Cuthbert a ouvert la porte à Kizzy et, dès que celle-ci a vu la blouse blanche, les cheveux blonds retenus par un bandeau et, au fond, la cuisine propre et étincelante, elle manque de tourner les talons. Elle s'attend presque à entendre Mrs Cuthbert dire, comme beaucoup : « Pas de bohémiens », mais cela, Mrs Cuthbert ne le dirait jamais. Elle fixe simplement Kizzy de ses yeux bleus et déclare :

– Tu devrais être à l'école.

Kizzy tend ses bouquets sans mot dire, mais Mrs Cuthbert ne lâche pas prise facilement.

– Pourquoi n'es-tu pas à l'école ?

Mrs Cuthbert n'achète rien, mais elle donne à Kizzy un délicieux morceau de pain d'épice brûlant ; c'est une excellente cuisinière. Et elle continue son interrogatoire :

– Quel âge as-tu ? Entre six et sept ans, je suppose.

Kizzy ne sait pas. Grand-mère répète que ces choses-là n'ont pas d'importance.

– Tu as l'âge que tu as, dit-elle toujours.

Et c'est la réponse que donne l'innocente Kizzy :

– J'ai l'âge que j'ai !

A la très grande surprise de Kizzy, Mrs Cuthbert semble se gonfler comme une vipère heurtante (Kizzy en a déjà vu).

– Petite effrontée ! dit Mrs Cuthbert, la langue pleine de venin, et elle referme la porte.

Elle a dû parler de Kizzy car, deux jours plus tard, Mr Blount est venu au verger avec un inspecteur des écoles. Il a posé la même question. Kizzy découvre que les gadjé posent constamment des questions.

– Mais vous devez sûrement savoir quel âge elle a, insiste l'inspecteur.

– A sa naissance, on a dû inscrire son nom sur les registres de l'état civil, renchérit Mr Blount.

– Nous ne nous attachons pas à de telles choses ! dit grand-mère.

– Mais alors, c'est quand, ton anniversaire ? a-t-on demandé à Kizzy à l'école.

Mrs Blount inscrit la date de naissance des élèves sur

le calendrier ; pour son anniversaire, un garçon reçoit une fleur pour sa boutonnière, une fille une couronne de fleurs, et les autres font une ronde en chantant « Joyeux anniversaire ».

Mais les anniversaires ont un côté caché que Mrs Blount ne connaît pas ; les filles vous saisissent bras et jambes et vous cognent contre le sol goudronné de la cour autant de fois que vous comptez d'années ; et elles vous tirent les cheveux le même nombre de fois et encore plus « pour les faire pousser ».

Kizzy ne peut donner la date de son anniversaire, parce qu'elle l'ignore.

– Eh bien, nous ferions mieux de te cogner par terre tous les jours plutôt que de laisser passer la date ! dit Prue.

Mais, comme elles n'aiment pas toucher ses bottes sales, elles lui tirent plutôt les cheveux et saisissent à pleines mains ses boucles bien fournies. Kizzy a maintenant tous les jours des marques rouges sur le cuir chevelu et, la nuit, elle a mal.

– Pourquoi ne leur as-tu pas simplement donné une date ? demande Clem Oliver.

– Parce que je n'en connais pas.

– N'importe laquelle ferait l'affaire ! proteste Clem. Tu n'as qu'à faire semblant.

Mais Kizzy ne sait pas faire semblant.

Aussi, un jour, Kizzy n'en peut plus. Elle revient chez elle en courant. Il y a un trou dans la haie de houx de la cour ; les piquants lui pénètrent dans la peau, mais Kizzy passe par là pour éviter qu'on ne la voie sortir par la grille. Puis, la robe plus en lambeaux que jamais, les joues égratignées et brûlantes, ses cheveux bouclés tout mêlés de feuilles de houx, elle descend l'allée en courant, ses vieilles bottes pataugeant dans les flaques. Elle se retrouve chez elle, dans la roulotte, avec grand-mère et Joe, Joe, Joe.

Mrs Blount l'a laissée partir, mais Kizzy sait bien qu'au matin elle devra retourner à l'école.

– L'amiral Twiss vous présente ses respects. Je suis venu chercher la petite fille.

C'est un froid après-midi de mars, et on voit par la fenêtre des rafales de neige ; mais la classe est bien chauffée et, chacun à sa place, les enfants peignent tranquillement, presque en somnolant. Lorsque Peters entre en boitant, toutes les têtes se lèvent brusquement, bien éveillées maintenant. Peters est si petit et tassé qu'on dirait un tonneau muni de courtes jambes ; ni lui ni Nat, qui a été jockey, n'atteignent l'amiral à l'épaule.

Tels des gnomes, invisibles pour ce qu'en voient les gens du village, ils s'occupent de l'amiral. Nul ne pourrait deviner que Peters a été marin, si celui-ci ne répétait souvent qu'il aime les choses bien rangées comme à bord d'un bateau. C'est un petit homme tiré à quatre épingles, le teint rose et frais, le regard bleu. Il marche en se balançant, à cause de sa jambe malade. Les garçons du village se plaisent à penser qu'il a été « blessé lors d'une bataille » mais, en fait, sa jambe a été écrasée dans un accident de chemin de fer.

Garçons et filles regardent fixement Peters lorsqu'il remet un mot à Mrs Blount.

– Mr Fraser m'a dit, m'dame, de vous remettre ce billet.

Mr Fraser est le directeur. Mrs Blount lit le message, puis se lève et vient jusqu'à Kizzy Lovell en passant entre les tables. Elle se penche vers la petite fille et lui met un bras autour des épaules.

– Kizzy, dit-elle doucement, il te faut aller avec Mr Peters.

Et, lorsque Peters a emmené Kizzy, Mrs Blount apprend aux enfants que la grand-mère de Kizzy vient de mourir.

L'amiral l'a trouvée en fin de matinée, allongée sous la roulotte ; il a tout de suite deviné ce qui s'était passé. Les nomades étendent les mourants à l'air libre ; ils n'aiment pas mourir dans un lieu clos, pas même sous leur roulotte. Grand-mère, l'air serein, était allongée sur l'herbe gelée, et Joe broutait tranquillement des touffes d'herbe à ses côtés. L'amiral a appelé Nat. Ils ont transporté grand-mère dans la roulotte et l'ont étendue avec précaution sur le lit ; puis Nat est allé chercher les Smith et les Doe, des nomades qui, l'amiral le sait, se trouvent dans un campement voisin. Les Doe sont les petits-cousins de grand-mère...

Ils ont allumé la lumière et l'amiral a regagné le château avec Lumas Doe pour téléphoner au docteur et rechercher une lettre, écrite longtemps auparavant, sous la dictée de grand-mère.

– Ils sauront ainsi ce qu'ils ont à faire, avait-elle dit.

L'amiral remet la lettre à Lumas. Ce n'est qu'alors qu'ils ont songé à Kizzy.

Lorsque Peters la fait sortir de l'école, une femme que Kizzy connaît attend à la grille : c'est Mrs Doe.

– Elle n'a pas voulu entrer, dit Peters.

Elle prend Kizzy par la main et Peters les emmène dans l'antique Rolls Royce de l'amiral.

– Une Rolls Royce ! s'exclame Clem.

– Une très vieille Rolls, dit Prue.

Chapitre deux

– Qu'allons-nous faire de Kizzy ?

Cela se passe deux jours plus tard, le soir de l'enterrement de grand-mère, et ils viennent de souper dans le verger ; il y a Lumas et Mrs. Doe, et ils viennent de souper dans le verger ; il y a Lumas et Mrs Doe, leurs jumelles âgées de quatorze ans et leur fils Boyo, les deux Smith, leur grand fils, sa femme et son bébé, le très, très vieil oncle Jess, et Kizzy. Ils sont rassemblés autour du feu et boivent de grandes tasses de thé. Le feu lance des étincelles vers le ciel. Joe fait une tache sombre au fond du verger.

Kizzy est assise par terre, les bras autour des jambes, le menton sur les genoux, de façon à pouvoir les recouvrir de son gilet marron.

– Donne ta caisse à Boyo, a ordonné Mrs Doe. Il ne doit pas s'asseoir par terre ! Il couve la grippe.

– Tu es en train de rendre ce garçon idiot ! lance l'oncle Jess.

Mais Mrs Doe ne l'écoute pas. Sans un mot, Kizzy s'est levée et a laissé ce gros lourdaud de Boyo, dans son pantalon d'épais velours côtelé, prendre sa place encore chaude. Mrs Smith, qui a dit à Kizzy de l'appeler tante Em, lui fait une place sur le banc en bois de grand-mère ; mais Kizzy reste assise par terre. Elle a l'air plus petite ainsi, et peut-être qu'ils l'oublieront s'ils ne la voient plus. Si c'était vrai, elle pourrait très bien vivre dans le verger avec Joe et la roulotte. « Si seulement ils s'en allaient ! » pense-t-elle, mais ils n'en finissent pas de discuter à son sujet.

– J'aimerais bien pouvoir l'emmener, dit Mrs Smith.

– Nous le pourrions, nous, mais... dit Mrs Doe.

Et ce « mais » semble envahir le verger tout entier.

– Il ne devrait pas y avoir de discussion : même s'ils ne font pas partie de notre famille, nous devons accueillir les enfants de bohémiens, dit l'oncle Jess.

– Tu en parles à ton aise ! Ce n'est pas toi qui vas t'en occuper, répliquent en même temps Mrs Smith et Mrs Doe.

Les phares des remorques dessinent sur l'herbe des cercles lumineux. Il neige de plus en plus fort. Les brindilles et les branches crépitent joyeusement dans le feu ; Kizzy a très chaud au visage, mais très froid dans le dos. Et une peur grandissante lui donne froid aussi au cœur. « Si seulement ils pouvaient s'en aller ! » pense-t-elle.

La roulotte est presque vide ; Mrs Doe a transporté les couvertures de Kizzy dans une de leurs tentes, où dort Boyo.

– Tu peux dormir ici.

– Je veux dormir dans notre roulotte à nous, a protesté Kizzy.

– Chut. Nul ne peut plus y dormir ! dit tante Em.

– Et pourquoi donc ?

– D'abord, ta grand-mère a laissé des ordres.

Ensuite, il y a ce que Mrs Smith ne dit pas : beaucoup de

vrais nomades n'utilisent généralement rien qui ait appartenu à des morts ; il y a, de plus, les dernières volontés de grand-mère.

– Il est mauvais d'aller contre la volonté des morts, disent-ils tous.

Et pourtant Mrs Doe discute ferme au sujet des porcelaines de grand-mère.

– Elles sont aussi à moi, lance Kizzy, mais personne ne l'écoute.

– Ce sont des porcelaines Old Crown Derby. Elles doivent valoir une fortune, déclare Mrs Doe.

– Il faut les casser.

– C'est absurde, Em ! Une tasse et sa soucoupe valent sûrement dix livres.

– Il le faut.

– Ce sont là des idées démodées, dit Mrs Doe avec mépris. Ecoute, prenons-en chacune la moitié.

– Eh bien, si j'en emportais, même quelques-unes seulement, je pourrais me faire du souci. Pour commencer, l'oncle Jess aurait une attaque, dit Mrs Smith.

– L'oncle ? C'est un vieux. Bien sûr, il pense comme ça, mais pourquoi te soucier de lui ? dit Mrs Doe d'une voix perçante, avant d'ajouter : Allez, tu peux choisir la première.

Mais Mrs Smith fait non de la tête et se retire de la conversation en disant :

– Bon, fais à ta guise.

Et Mrs Doe emporte dans sa caravane les porcelaines, le miroir, et même le vase et les fleurs en plastique.

– La poêle à frire est en bon état, remarque-t-elle, et elle l'emporte aussi.

Kizzy pense qu'elle ne pourra plus faire de crêpes ; mais il reste le vieux seau et les casseroles. Kizzy se dit qu'elle leur trouvera bien un usage.

Dans sa lettre, grand-mère n'a pas fait allusion à Kizzy.

– Bien sûr que non. Elle croit le problème résolu d'avance, dit l'oncle Jess.

L'oncle Jess est un Smith. C'est un très, très vieil homme, presque aussi vieux que grand-mère. Il habite dans la famille de son petit-fils, et ne possède ni roulotte ni remorque.

– Si j'en avais, tout serait différent !

Les Smith ont à loger l'oncle Jess, leur fils, sa femme et son bébé, et ils ne possèdent qu'une seule remorque et une petite tente. En revanche, les Doe vont emménager dans une H.L.M.

– Vous vous établissez, et dans du dur, dit avec dédain l'oncle Jess.

– C'est à cause de l'école, dit Mrs Doe. Il faut que Boyo aille à l'école, et les filles aussi, bien sûr. La municipalité n'aime pas les familles trop à l'étroit. Et ce ne sont pas tant les enfants eux-mêmes, ajoute-t-elle sous le regard méprisant de l'oncle Jess, ce ne sont pas les enfants qui causent des problèmes. Quand on peut les laisser aller à leur guise, un enfant de plus ou de moins ce n'est pas gênant. A cette époque, ce sont plutôt toutes ces choses qu'ils doivent avoir !

– Je ne veux rien de tout cela, dit Kizzy en relevant la tête.

– Il ne s'agit pas de ce que tu veux, ma chérie, mais de ce que tu dois avoir : des uniformes, dit Mrs Smith.

L'oncle Jess renifle bruyamment.

– C'est vrai, l'oncle, il leur faut au moins des blazers et des souliers, et aussi des cartables.

Mrs Doe ajoute :

– Je vous le dis, nous avons à peine de quoi élever nos trois enfants. Nous aimerions bien pouvoir emmener Kizzy, mais ce n'est pas possible. C'est ici qu'elle va à l'école. Ils lui trouveront bien des parents adoptifs, eux.

C'est toujours « eux », « eux », pense Kizzy. « Eux » sont contre les bohémiens.

– Aucun enfant bohémien n'a jamais été laissé à leur charge à eux, dit l'oncle Jess.

– Elle n'est pas des nôtres. Elle est à moitié gadjo, et puis les choses ont bien changé, dit encore Mrs Doe.

Kizzy est trop fatiguée pour écouter plus longtemps cette conversation pénible. De toute façon, elle n'ira avec personne, et nulle part. Elle restera dans le verger, dans sa roulotte ; et avec Joe, en dépit de ce que disait tante Em ! Bientôt, malgré le froid du sol gelé, elle s'endort... Dans son rêve, elle croit entendre Joe piétiner l'herbe, ainsi qu'un énorme grondement. Elle se réveille en sursaut. Le feu très vif semble gigantesque, ce sont les hommes qui piétinent, et non Joe. Kizzy se met debout avec peine, et Mrs Smith la prend par les épaules.

– Tout va bien, ma petite. Reste ici avec moi.

Mais Kizzy reste clouée au sol.

Dans le verger, les flammes s'élèvent si haut, si vives qu'elles semblent danser dans les pommiers, si chaudes qu'elles semblent roussir le visage de Kizzy. Une traînée d'étincelles fuse au-dessus des enclos. Heureusement, la nuit, les jeunes chevaux sont à l'écurie.

– Les flammes sont trop hautes, dit Lumas. Elles vont réveiller l'amiral. Il va appeler la police, les pompiers, ou Dieu sait qui.

L'amiral s'est bien réveillé, mais il se dit qu'ils savent ce qu'ils font. Il se retourne et se rendort.

Comme Kizzy, Joe semble cloué sur place. Il flotte une âcre odeur de métal en fusion, de peinture et de bois. Les hommes tournent autour de l'énorme feu et le piquent avec des perches. Ils sont en train de brûler la roulotte. Tandis que Kizzy regarde, la caisse de la roulotte s'affaisse, se séparant des roues, et le toit s'effondre.

– Mais pourquoi, pourquoi ? demande Kizzy.

Elle semble parler avec difficulté, mais elle est calme. Mrs Smith s'agenouille près d'elle.

– Tu vois, mon enfant, ta grand-mère était une romani d'autrefois. Et, quand des nomades comme elle meurent, ils demandent qu'on brûle leur roulotte, avec leurs vêtements et leurs photos ; oui, c'est vrai. Ils demandent aussi qu'on mette en morceaux leurs porcelaines et leurs bibelots. On ne fait plus cela maintenant, du moins pour la plupart d'entre nous, mais c'est ce que voulait ta grand-mère, et nous avions promis.

Elle ajoute en regardant Kizzy droit dans les yeux :

– C'est ce que voulait ta grand-mère, ma petite chérie, il nous faut donc le faire !

Kizzy revoit les affaires de grand-mère : les couchettes

sous la fenêtre, les rideaux de dentelle, les casseroles et le seau, la carpette en lambeaux, la chaise de grand-mère, la table et les étagères.

– Et ce n'est pas comme si la roulotte avait été habitable, ajoute Mrs Smith. Tu sais, Kizzy, elle était inutilisable, elle s'en allait en morceaux.

– Pas pour moi !

Une peur panique l'envahit.

– Que va-t-il advenir de Joe ? demande-t-elle.

Elle se force à répéter sa question lorsque les flammes ont fait place au rougeoiement des braises. Assis autour du feu, ils prennent de nouveau du thé.

– Qui est Joe ? demande Mr Smith.

– Que va-t-il devenir ? répète Kizzy, qui s'est levée et grelotte, debout près du feu.

– Nous lui trouverons une maison, dit Lumas Doe.

– Une très bonne maison ? demande Kizzy, incapable de rester silencieuse.

Lumas Doe se sent d'humeur joviale.

– Oh ! Seigneur, une très, très bonne maison ! La meilleure qui soit pour les vieux chevaux !

– On... on ne le fera pas trop travailler ?

– Il aura tout le repos du monde.

Et Lumas et Mr Smith se mettent à rire. Mais, lorsqu'ils se sont enfin retirés dans la remorque, la caravane et les tentes et que Kizzy se retrouve avec Boyo, celui-ci lui dit :

– Je sais ce qu'ils vont faire de ton Joe.

Boyo a un lit de camp et dort emmitouflé dans un édredon ; Kizzy, elle, est par terre, dans un coin. Elle ne s'est jamais rendu compte combien la couche de paille de son matelas est mince, ni combien ses couvertures sont râpées. Dans sa roulotte, elle avait chaud. Maintenant, elle est là, frigorifiée, tout habillée, les genoux remontés sous son gilet.

– Tu sais ce qu'ils vont en faire, de ton Joe ?

– Non, dit Kizzy.

Du lit, le visage rond de Boyo la scrute.

– Ils vont le vendre aux équarrisseurs.

– Qu'est-ce que c'est, les équarrisseurs ?

– Boucherie chevaline. Ils le vendront pour les chiens de chasse.

– P... pourquoi ? demande Kizzy d'une voix chevrotante.

Elle s'est dressée.

– Pour le manger, idiote. Il sera mis en pièces, dit Boyo. Ces chiens le mettront en pièces et le mangeront.

C'est alors que Kizzy enfonce son poing tout droit dans la figure de Boyo Doe, comme elle l'a enfoncé dans l'estomac de Prue Cuthbert. Boyo pousse un hurlement, et Mrs Doe bondit hors de sa caravane.

– Elle m'a frappé, maman, elle m'a frappé, sanglote Boyo, tandis que Kizzy reste silencieuse et butée.

Mrs Doe est bouleversée depuis sa discussion avec l'oncle Jess et l'incendie de la roulotte ; sa colère éclate.

– C'en est trop ! dit-elle à Kizzy, et elle la gifle violemment.

Pour Kizzy aussi, c'en est trop. Grand-mère lui a parfois étrillé le dos et les fesses, mais personne ne l'a jamais giflée. La brûlure, le tintement aux oreilles semblent provoquer un éblouissement devant ses yeux. Elle a un gros sanglot, se tourne vers Mrs Doe et lui mord la main jusqu'à l'os.

D'une secousse violente, Mrs Doe se débarrasse de Kizzy comme d'un petit chien et la projette sur son matelas.

Kizzy l'entend crier à Mrs Smith :

– Nous, prendre cette étrangère ? Une sauvage, oui, voilà ce qu'elle est !

– Fais-lui goûter de la baguette ! crie Mrs Smith en réponse, mais Mrs Doe a déjà claqué la porte de la caravane.

Kizzy est affalée dans un coin de la tente ; ses oreilles bourdonnent encore, sa joue brûle, mais cela n'est rien à côté de la douleur de son cœur. Joe, donner Joe aux équarrisseurs, pour les chiens de chasse... Elle sent monter la nausée et, en même temps, une haine féroce pour Boyo et ses sarcasmes, Mrs Doe et ses coups, Lumas Doe et ses mensonges...

Boyo dort en reniflant dans son lit de camp. Avec précaution, Kizzy se lève, enfile ses bottes et se glisse hors de la tente. La remorque et la caravane sont toutes les deux fermées à cause du froid vif. Aucun son n'en sort tandis que Kizzy se faufile entre elles.

Voici le gros tas de braises, avec au centre un cœur rouge ardent : tout ce qui reste de la roulotte. Kizzy s'accroupit là un petit moment pour se réchauffer. Au fur et à mesure que l'engourdissement quitte son corps, Kizzy se rend compte qu'elle pousse de petits cris plaintifs, tel un jeune animal. Ce ne sont que de petits cris, mais Joe les entend, alors qu'il est à l'autre bout du verger ; il vient à pas tranquilles et reste debout derrière elle, à s'ébrouer doucement tout en reniflant le feu. Kizzy se relève et chuchote :

– Il nous faut partir d'ici.

Elle étreint Joe, puis se dirige vers le pommier où est accroché le licou.

– Viens, chuchote-t-elle et, obéissant, il baisse la tête.

Elle lui passe le licou et, la corde à la main, se tenant bien à l'écart de la remorque, de la caravane et des tentes, elle le guide le long du verger, jusqu'au trou de la haie.

Kizzy et Joe sont enfin sur la route. Il fait noir, de hautes haies rendent l'obscurité plus profonde encore ; mais les nomades n'ont pas besoin de torches, leurs yeux voient dans l'obscurité. Kizzy guide Joe. Les voici à la grille et, sans bruit, ils s'éloignent dans la nuit.

L'amiral Twiss prend son petit déjeuner. On raconte au village qu'il mange sur un journal étalé sur la table et que Peters, Nat et lui se nourrissent de whisky, d'œufs durs, de fritures et de conserves.

– C'est très mauvais pour eux ! dit Mrs Cuthbert. Mais comment s'étonner, il n'y a pas de femme pour s'en occuper ! On dit que la maison est atrocement mal tenue !

D'ailleurs, les gens du village ne peuvent que « dire », car ils ne « savent pas ». Ni Mrs Cuthbert, ni aucune autre femme du village n'a jamais été invitée à entrer, pas même dans le vestibule. Le pasteur, Mr Fraser, le directeur d'école, ou le docteur Harwell, eux, pourraient raconter ce qu'ils voient : ils dînent souvent au château et jouent aux échecs ou au bridge avec l'amiral Twiss. Mais ce sont des hommes discrets qui ne parlent pas. Les gens du village sont désolés pour l'amiral.

– Je ne sais pas comment ils se débrouillent, dit Mrs Cuthbert à Miss Brooke. Et pourtant, ils ont l'air soignés et bien nourris.

Et de fait, ce matin-là, l'amiral prend un solide petit déjeuner comme « autrefois » : café, porridge, rognons sur canapés, toasts et confiture d'oranges. Il est vrai que l'amiral Twiss a l'air un peu seul : la nappe est mise à l'une des extrémités de la longue table d'acajou qui pourrait accueillir vingt personnes.

Deux fois par an, l'amiral part : au printemps, pour les courses à Aintree, le trophée de Topham et le Grand National ; au mois d'août, pour l'Exposition chevaline de Dublin.

Peters sert habituellement l'amiral en silence, mais aujourd'hui il a l'air exalté. L'exaltation, chez lui, rend ses yeux d'un bleu plus intense que leur bleu pervenche habituel ; son front est cramoisi et il boite plus fort. Il est sûrement arrivé quelque chose, mais Peters ne dit rien avant la fin du petit déjeuner. Lorsque l'amiral pose enfin sa serviette, Peters lui annonce :

– Amiral, la petite fille est ici !

– Quelle petite fille ?

– Celle du verger. Vous savez qu'ils ont brûlé la roulotte cette nuit.

– Oui, c'est ce que voulait la vieille femme, dit l'amiral Twiss.

– Oh ! ça, c'est leur affaire ! dit Peters. Nat est sorti calmer les chevaux ; ils sentaient le feu depuis l'écurie, bien sûr. Mais ce matin, quand je suis descendu, le vieux cheval de Mrs Lovell était là dans l'allée.

– Tu lui as fait peur ? Il s'est enfui ?

– Non, amiral. Il était attaché. Et, quand j'ai ouvert la porte d'entrée, la petite fille était là, endormie sur la marche, comme un oiseau transi, dit Peters.

– Mon Dieu ! s'exclame l'amiral.

– Oui, amiral. La marche et les vêtements de la petite étaient couverts de neige, mais elle gardait la corde en main. Le cheval attendait patiemment, l'air abattu, pour ainsi dire.

– Depuis combien de temps étaient-ils là ?

– Des heures, je suppose. Sans doute n'a-t-elle pas osé frapper ni sonner.

– Pourquoi ne m'as-tu pas appelé ?

– Vous n'aviez pas encore pris le petit déjeuner, amiral.

Dans l'esprit de Peters, aucune petite bohémienne ni personne ne devait interrompre le petit déjeuner de l'amiral.

– Je me suis occupé d'elle, amiral, ajoute Peters, l'air digne.

– Qu'as-tu fait ?

– J'ai appelé Nat et je lui ai envoyé le cheval. Il l'a bouchonné et lui a donné du gruau d'avoine à la bière. Il a pensé qu'il valait mieux laisser le cheval dans la cour avec du foin, étant donné qu'il n'a pas l'habitude d'être enfermé. Brave vieux cheval ! Nat dit qu'il a dû être bon autrefois, qu'il n'est pas squelettique comme un cheval de bohémien, qu'il est bien nourri.

– Et la petite fille ? demande l'amiral.

– Je l'ai installée à la cuisine près du feu. Je lui ai enlevé ses habits et ses bottes. Les habits sont vieux et minables mais propres ; pas les bottes. Je l'ai enveloppée dans votre vieille robe de chambre en poil de chameau, amiral. J'ai pensé qu'elle la trouverait douce et chaude. J'ai ajouté des couvertures, une bouillotte aux pieds et une sur l'estomac. Elle gémissait de douleur, tout en se réchauffant.

Peters avale sa salive pour cacher son émotion et poursuit :

– Elle ne pleurait pas, mais ses yeux, amiral, on aurait dit des petites soucoupes dans sa frimousse sale, barbouillée de larmes. Je lui ai donné du lait de poule bien chaud et bien sucré ; le sucre, c'est pour l'étourdissement. Elle était tout étourdie, amiral.

– Elle a vu sa maison en flammes.

– Il n'y pas que ça, dit Peters. Elle répétait sans cesse : « Joe, Joe, où est-il ? » Je lui ai dit qu'il était en sécurité avec Nat, et j'ai dit à Nat de bien veiller sur lui. En revenant à elle, elle ne cessait de supplier : « S'il vous plaît, est-ce que je peux voir monsieur l'amiral ? S'il vous plaît, s'il vous plaît, monsieur l'amiral. » C'est comme cela qu'elle vous appelle.

– Amène-la dans la bibliothèque, dit l'amiral Twiss.

– Monsieur l'amiral ?

La robe de chambre traîne sur le sol derrière Kizzy ; ses orteils nus se recroquevillent au contact du tapis ; il ne lui est jamais arrivé d'entrer dans une pièce au sol recouvert d'un tapis moelleux. Elle sent la sueur coller ses cheveux bouclés ; ses joues sont brûlantes, et pourtant elle grelotte. L'amiral est assis dans un fauteuil, tout près d'elle, mais elle a beaucoup de mal à s'exprimer. Enfin elle réussit à faire sortir les mots :

– S'il... s'il vous plaît, monsieur l'amiral, ne... ne les laissez pas emmener Joe.

– Ne laissez pas qui l'emmener ? demande l'amiral d'une voix paisible.

Kizzy tremble maintenant.

– Les D... Doe et les S... Smith. Ils sont venus pour grand-mère...

L'amiral hoche la tête et demande :

– Il ne fallait pas que je les fasse venir ?

Curieuse question de la part d'un monsieur qui s'adresse à une petite bohémienne, mais l'amiral est sérieux. Kizzy secoue la tête et reprend :

– Il fallait que quelqu'un vienne, pour grand-mère, mais Joe... Monsieur l'amiral, est ce que v... vous pourriez le... garder ici avec vos chevaux à vous ? Vous aimez les chevaux, grand-mère le disait. Joe est vieux, il n'est pas comme les vôtres, mais c'est Joe, monsieur. Grand-mère disait qu'elle l'avait depuis plus de vingt ans, et maintenant...

Dans un sanglot, Kizzy poursuit :

– Ils vont l'envoyer aux équarrisseurs... Boyo dit qu'il sera mis en pièces... Que des chiens de chasse vont le dévorer... C'est Boyo qui me l'a dit, et Mrs Doe aussi...

Kizzy serre les poings. L'observant, l'amiral lui demande :

– Qu'est-ce que tu leur as fait ?

– Je les ai frappés et mordus, répond Kizzy.

Il y a un bref éclair dans les yeux de l'amiral mais il reprend, toujours sérieux :

– Tu ne leur as pas dit que tu venais chez moi ?

Kizzy réplique avec dédain :

– Ils ne vous connaissent pas.

– Mais toi, si.

– Je connais votre église de Noël.

Kizzy lève les yeux vers le visage de l'amiral et ne voit même pas les sourcils et la moustache hérissés ; elle voit les yeux marron pleins de bonté et, chose curieuse, cela lui donne envie de pleurer.

– Je vous ai vu regarder les chevaux. Et puis grand-mère vous connaissait. Quand vous lui parliez, c'était différent, vous souleviez votre chapeau.

Kizzy chuchote ; une larme roule.

– Bien sûr, dit l'amiral.

– Aussi, je pensais que vous ne les laisseriez pas envoyer Joe aux équarrisseurs.

Kizzy a parlé d'un trait, car elle sent d'autres larmes monter.

– Bien sûr que non ! Ce n'est pas ainsi que l'on traite un beau vieux cheval, dit l'amiral Twiss.

Il prend la menotte brûlante de Kizzy dans sa main, qui

est fraîche. En y posant les yeux, Kizzy remarque la grosse bague, avec un oiseau gravé sur un écu, et les veines qui saillent comme des cordes. Elle sent aussi combien cette main est ferme. Une larme tombe et les deux mains se resserrent. L'amiral dit :

– Ils ne prendront pas Joe. J'irai voir Lumas Doe.

Mais ce n'est pas la peine. A ce moment-là, ils entendent les éclats d'une discussion. Lumas, dans l'allée, s'adresse à Peters en criant.

L'amiral remarque que Kizzy tremble en entendant cette voix. Il lui dit :

– Reste ici.

Puis, s'adressant à Peters :

– Fais-le entrer dans le vestibule. Eh bien, Lumas, encore à prendre ce qui ne vous appartient pas ?

La voix de l'amiral est aimable ; Kizzy, qui écoute, pense qu'il connaît bien Mr Doe.

– On s'est dit qu'elle était ici. La petite vermine ! Elle s'est sauvée avec Joe ! dit Lumas d'un ton agressif.

– Et alors ? C'est son cheval.

– Son cheval ? hurle Lumas.

– Oui.

– Les gosses n'ont pas de chevaux.

– Elle, elle en a un. Les biens de la vieille Mrs Lovell iront à sa plus proche parente. C'est l'enfant, Lumas, pas vous.

– Et mes dépenses ? demande Lumas. J'ai payé pour l'enterrement et tout.

– Mrs Lovell a payé son propre enterrement, réplique sèchement l'amiral. Il se trouve que je le sais parce qu'elle m'a laissé l'argent, et que je l'ai donné à l'oncle Jess Smith.

– Mais nous sommes venus tout de suite, supplie Lumas.

Nous et les Smith. Nous avons plié bagage et nous sommes venus. Ça coûte cher, l'essence et tout.

– Pas les trente livres que vous auriez eues des équarrisseurs. Vous alliez frustrer l'enfant de cette somme. Eh bien, disons que vous avez eu des tracas et que vous avez bien accompli votre tâche. Je vous donnerai donc vingt livres. Prenez-les et ne vous approchez pas du cheval.

– Vingt livres ! dit Lumas d'un air outragé.

– Vingt livres.

– Disons vingt-cinq.

– Vingt, et vous avez de la chance.

Le regard fixé sur la porte, Kizzy voit l'amiral Twiss sortir son portefeuille.

Puis il revient vers Kizzy.

– Voilà qui est réglé, dit-il. Nous allons mettre Joe dans le petit pré. Il y a des boutons-d'or en été, et il sera sous les yeux de Nat. Personne ne pourra le prendre.

– Monsieur l'amir...

Mais Kizzy ne peut finir sa phrase.

Tout devient flou devant ses yeux. Elle vacille dans la robe de chambre en poil de chameau.

– Je... ne me sens pas... très bien.

– Pneumonie, dit le docteur Harwell. Curieux. C'est la première fois que je vois un enfant de bohémien en attraper une.

– Elle a connu une grande détresse, dit l'amiral Twiss.

– Debout toute la nuit, ajoute Peters.

– Je vais appeler l'ambulance, bien que je n'aime guère la voir voyager par ce temps, dit le docteur tout en refermant sa trousse.

– Il n'y a pas que ça, ajoute l'amiral Twiss. Aller à l'hôpi-

tal est plus dur pour un enfant de nomade que pour tout autre. Ils n'ont pas l'habitude du chauffage central, des lumières vives, du vacarme moderne. Il... il vaudrait mieux qu'elle reste ici.

– Il vous faudrait une infirmière.

L'amiral et Peters échangent des regards consternés.

– Mais ce sera une femme, dit Peters.

– Naturellement, répond le docteur Harwell, qui ne peut s'empêcher de sourire en voyant leur visage.

– Nous n'avons pas besoin d'infirmière, dit l'amiral. Si vous nous laissez vos instructions, je pourrai dire à Mrs Doe ou à Mrs Smith de venir la voir.

Après le départ du docteur, l'amiral Twiss descend au verger ; les Doe et les Smith se sont envolés.

– Ils ont pris vos vingt livres et sont partis, dit Peters.

– Je suppose que nous ne les reverrons pas.

Chapitre trois

Dans la classe de Mrs Blount, la place de Kizzy reste vide.

– Les autres nomades l'ont sans doute emmenée, dit Mrs Blount.

– C'est ce qui est arrivé, je le crains, dit Mr Blount, découragé.

Pourtant, Kizzy n'est pas partie, semble-t-il. Et bientôt les bruits les plus fous circulent : les méchants nomades ont mis le feu à la caravane des Lovell, ils ont tout volé ; l'amiral Twiss a chassé les nomades de son verger et a brûlé la roulotte ; Kizzy Lovell est au château, chez l'amiral Twiss. Garçons et filles se regardent.

– Chez l'amiral Twiss ? Impossible ! dit-on au village.

Mais ce n'est pas impossible.

Mrs Cuthbert le sait par le garçon boucher ; il a livré de la viande de bœuf au château pour faire du bouillon : Kizzy est malade. Elle a été brûlée dans l'incendie. On a vu Nat à la pharmacie de Rye, où il a acheté une bouillotte pour l'enfant et du sirop pour la toux, sur ordonnance. Kizzy n'a pas été brûlée, elle a une pneumonie.

– Une pneumonie ! dit Mrs Blount à Miss Brooke. Je

me sens coupable. Je savais qu'elle n'avait pas de manteau. Je le savais et je n'ai rien fait.

Kizzy ne sait pas où elle se trouve, si elle est au château ou ailleurs. Elle est trop malade. Des jours et des jours durant, elle souffre et lutte pour respirer. Peters humecte d'eau fraîche ses poignets et son front brûlant. Il lui donne des cuillerées d'eau ou de crème glacée. Mais il n'est pour elle qu'un visage indistinct. Des nuits et des nuits durant, elle appelle au secours et hurle de terreur, parlant de Joe et de l'équarrisseur... de la roulotte et des flammes... de Boyo... de la gifle de Mrs Doe... de l'école. L'amiral, qui la veille, apprend beaucoup sur l'école au cours de ces nuits.

– Bohémienne, romani, romani qui rit, mange du pissenlit. C'est quand ton anniversaire ?... Cognez, cognez. Ne me tirez pas les cheveux, non, non !

Chaque fois, cela se termine par un cri perçant, et l'amiral doit apaiser Kizzy. Peters, Nat et lui se relaient au chevet de Kizzy ; c'est merveille de voir comme ces mains d'hommes sont douces et consciencieuses pour la soulever, la changer, la soigner. Mais Kizzy n'en sait rien jusqu'au matin où elle s'éveille enfin. Dehors, le soleil brille dans un ciel aussi bleu que l'édredon qui la couvre.

Elle est dans une petite chambre, vêtue d'une veste et d'un pantalon rayés. Après un instant de panique, Nat arrive bientôt, avec cette réconfortante odeur de chevaux.

– Tout va bien, tu es au château, dit Nat.

– Et Joe ? demande Kizzy d'une voix rauque.

– Il va très bien. Il attend les boutons-d'or. Maintenant, bois ça, dit Nat.

– Qui va s'occuper d'elle ? demande Mrs Blount.

– Eux, dit Miss Brooke.

– Ces trois hommes ? Des hommes ne savent pas soigner une enfant malade.

Pourtant, l'amiral, Peters et Nat s'occupent si bien de Kizzy que le docteur Harwell doit admettre qu'elle n'a pas besoin d'infirmière. C'est Peters qui lui fait sa toilette et prépare les repas.

Kizzy est bien trop maigre ; le docteur Harwell dit qu'elle est rachitique et sous-alimentée.

– Je crois bien qu'elles vivaient de pain et de thé, dit l'amiral Twiss, qui s'en veut. Mrs Lovell était sans doute trop vieille pour faire la cuisine, ajoute-t-il.

– Il paraît que l'enfant ne voulait pas des repas de l'école. Sa maîtresse pense que les autres lui avaient dit que ses repas n'étaient pas payés.

Peters essaie de remettre Kizzy sur pied par tous les moyens.

– Bois ça, jusqu'à la dernière goutte, cruchon ! dit-il. Je ne veux pas que tu en laisses une miette.

Il tient la chambre propre et reluisante et le feu brûle jour et nuit, ce qui lui donne beaucoup de travail : il doit monter du charbon deux fois par jour.

– Un radiateur électrique dessécherait l'atmosphère. Ce ne serait pas bon pour ses poumons.

Quand Peters est occupé, Nat vient s'asseoir près de Kizzy. Il lui frictionne le dos.

– Mince alors ! On sent tes os comme ceux d'un poulet !

Il lui raconte l'histoire des chevaux qu'il a soignés : Royal qui avait couru le Derby ; Oiseau de Pluie, le cheval que l'amiral préfère.

– Premier toutes catégories à Richmond. Quand tu seras guérie, je te montrerai les coupes et quelques-unes des cocardes qu'il a gagnées.

Mais les histoires de Nat ne sont pas aussi belles que celles de l'amiral. Surtout celle de Joe. L'amiral raconte à Kizzy comment Joe est né.

– Il doit y avoir vingt-huit ans maintenant, c'est un des plus vieux chevaux que je connaisse. Il est né dans une ferme à Antrim, en Irlande.

L'amiral raconte comment on l'a entraîné pour la chasse, dressé à la longe et emmené à Dublin pour le concours d'été à l'âge de cinq ans. Il raconte qu'on l'a acheté et transporté en Angleterre par bateau. Il parle des coupes et des cocardes que Joe a remportées, tout comme Oiseau de Pluie. Il raconte qu'un jour Joe a mis la patte dans un trou de lapin, s'est cassé un os du boulet, et n'a plus pu sauter. Et aussi que le grand-père de Kizzy avait acheté Joe lors d'une vente publique, que Joe avait tiré la roulotte tout au long des chemins de la campagne anglaise ; qu'il aimait les fraises et chipait du houblon et des pommes ; qu'il avait passé l'hiver dans le verger de l'amiral, jusqu'au jour où il y est définitivement resté avec grand-mère.

Tous les matins, l'amiral enveloppe Kizzy dans sa robe de chambre en poil de chameau et la place devant la fenêtre. Nat conduit alors Joe par son licou, dans l'allée juste en dessous.

L'amiral installe ensuite Kizzy dans un petit fauteuil à bascule, car elle est maintenant autorisée à rester un peu assise. Peters leur porte leur « petit onze heures » sur un plateau d'argent : un grand verre de lait pour Kizzy, une tasse de café pour l'amiral.

Ces jours de convalescence sont les plus heureux que Kizzy ait jamais connus. Avec grand-mère, c'était bien, mais maintenant elle rayonne de bonheur. Jusqu'au jour où elle reçoit des « visites ».

– Je suis l'institutrice de Kizzy Lovell. Puis-je la voir, je vous prie ?

Peters n'est pas là (c'est son après-midi de liberté) et c'est l'amiral qui a ouvert la porte.

L'amiral annonce à Kizzy :

– Ta maîtresse d'école est venue te voir.

Mais où est Kizzy ?

Aux mots « maîtresse d'école », elle a plongé au fond du lit sous les couvertures.

– L'école n'a pas l'air très bien vue ! fait remarquer l'amiral.

Mrs Blount, désolée, s'excuse presque.

– J'ai essayé. J'ai vraiment essayé, mais certains enfants se moquent d'elle. Les enfants sont parfois cruels. Peut-être que si j'avais agi comme le suggérait Miss Brooke...

– Que vous a-t-elle dit ?

– D'essayer de les faire s'intéresser à elle, de la leur rendre romantique... A ce moment-là, j'ai trouvé cela plutôt absurde.

– Cela m'a l'air très raisonnable, déclare l'amiral, avant de demander : Est-ce que vous parlez de cette Miss Brooke qui vient d'être nommée juge ?

Mrs Cuthbert a dû admettre qu'elle ne savait comment classer Olivia Brooke. C'était ennuyeux car, d'habitude, chez elle, les gens étaient clairement et proprement étiquetés, « comme des bocaux bien rangés », selon l'expression de Miss Brooke !

– Des bocaux ? Je n'ai jamais dit cela, rétorqua Mrs Cuthbert, irritée. Et vous donc, que croyez-vous que sont les gens ?

– Des grottes à explorer, plutôt, répondit Miss Brooke. Des grottes mystérieuses dont on n'atteint jamais le fond.

– S'il est quelqu'un de mystérieux, Olivia, c'est bien vous.

Miss Brooke avait acheté la petite maison et s'était installée au village sans explication ; les gens de l'endroit aimaient trouver une explication aux choses. Mais Miss Brooke avait paru si occupée à cultiver son nouveau jardin qu'il lui restait peu de temps pour bavarder. Et, bien qu'Olivia – comme on l'avait vite appelée – fût tout à fait aimable, Mrs Cuthbert n'en avait guère appris plus, malgré toutes ses questions.

Miss Brooke était petite et « pas très belle quand on la regardait bien », ainsi que le répétait Mrs Cuthbert. Elle avait le teint pâle et les cheveux gris souris tordus en un petit chignon. Mais ses yeux noisette étaient si remarquables qu'on la croyait jolie, ce qui était étrange, car elle ne s'occupait guère de toilettes et n'allait jamais chez le coiffeur. Mrs Cuthbert savait aussi que Miss Brooke avait de curieuses habitudes : Mildred Blount lui avait raconté que la vaisselle du dîner attendait souvent parce que Miss Brooke voulait écouter de la musique ; qu'elle ne répondait pas à la porte tant que le morceau n'était pas fini. Que parfois elle ne faisait rien dans la maison à part son lit, pour aller droit au jardin.

– S'il fait une belle journée, pourquoi pas ? demandait Miss Brooke, impassible.

– Elle semble se moquer éperdument de ce que pensent les gens, pourtant elle n'est pas fière ; on ne peut pas dire qu'elle le soit, disait Mrs Blount.

– Non, bien sûr, admettait Mrs Cuthbert.

Mr Blount était un admirateur dévoué.

– Voyez comme elle nous a pris chez elle, Mildred et moi, pendant que nous attendions notre maison. C'est la gentillesse même.

– Oui, bien sûr, disait Mrs Cuthbert.

La vérité, c'est que Miss Brooke a une prestance que Mrs Cuthbert trouve injustifiée. Elle est pauvre, manifestement ; sa petite maison est d'une simplicité presque monacale.

– Et elle cuit son pain elle-même.

Au cours des manifestations publiques, elle se charge des tâches les plus humbles. Elle semble préférer laver la vaisselle en coulisse plutôt que de prendre part aux comités, « même lorsque la princesse vint inaugurer le pavillon de l'hôpital ».

Si bien que le village est stupéfait lorsque Miss Brooke est nommée juge de paix.

– Ils doivent savoir à son sujet quelque chose que nous ignorons ! commente Mrs Blount.

– Même ainsi, je ne comprends pas ; elle est si effacée, si discrète ! dit Mrs Cuthbert qui aurait bien aimé, elle, être nommée magistrat.

– C'est peut-être parce qu'elle est discrète ? dit le pasteur. Elle écoute et ne coupe pas la parole.

– Et vous laisse placer votre mot, ajoute le docteur Harwell qui a voulu qu'elle fasse partie du conseil d'administration de l'hôpital.

En fait, Miss Brooke aurait pu être membre de plusieurs comités mais, à la différence de Mrs Cuthbert, elle ne veut pas.

– Le travail du tribunal est suffisant si je le fais correctement, et j'aime ma maison et mon jardin, s'excuse-t-elle.

– Si vous m'en croyez, elle aime mieux parler aux fleurs qu'aux gens ! s'exclame Mrs Cuthbert.

L'amiral comprend cela, lui qui aime parler aux chevaux.

– C'est une personne raisonnable, ce me semble, dit-il maintenant.

Mrs Blount rougit ; c'est presque comme si l'amiral avait dit : « Mais c'est vous qui n'êtes pas raisonnable, Mrs Blount. »

Elle se tourne vers le petit monticule caché tout au fond du lit.

– Kizzy, montre-toi. Je t'ai apporté quelque chose, dit-elle d'une voix cajoleuse.

Puis elle ajoute, s'adressant à l'amiral :

– C'est quelque chose qu'elle aurait dû avoir depuis longtemps. Cela lui aurait peut-être évité une pneumonie. Je m'en veux.

L'amiral repousse les couvertures, attrape Kizzy et l'assied bien droite contre les oreillers. Il lui dit d'un ton sévère :

– Tiens-toi bien maintenant. Tends la main à ta maîtresse et demande-lui comment elle va. Nous ne nous conduisons pas ainsi à Amberhurst.

A contrecœur, Kizzy tend la main. Mrs Blount la prend poliment et pose ensuite sur le lit un grand sac en papier marron.

– Il est bien chaud, dit-elle à Kizzy. Il n'a appartenu à personne. Il est neuf. Tu ne le regardes pas ?

– Ouvre le sac, ordonne l'amiral d'un ton sec, comme il l'aurait fait à un matelot sur le pont de son vaisseau.

C'est un duffle-coat tout neuf, comme l'a annoncé Mrs Blount : il est en lainage marron, doux et épais, avec un capuchon, une doublure à carreaux rouges et bleus et des barrettes en bois verni en guise de boutons.

– Je me sentais coupable, explique Mrs Blount.

– Il ne fallait pas.

Les sourcils et la moustache s'agitent.

– Je crois, Mrs Blount, que vous êtes toute jeune mariée et que vous êtes en train d'acheter une maison neuve.

Elle rougit de nouveau et dit :

– Oui. Nous espérons emménager la semaine prochaine.

– Vous devez donc avoir besoin du moindre sou, de la moindre minute. C'est très beau de votre part d'agir ainsi, dit l'amiral.

Mrs Blount avait espéré que Kizzy sourirait, aurait un cri de surprise et de plaisir, mais l'enfant ne desserre pas les lèvres. Et, après avoir retiré le manteau du sac, Kizzy n'y touche plus.

En dépliant le manteau sur le lit, Mrs Blount dit d'une voix presque suppliante :

– Regarde, il y a encore les étiquettes.

– Dis merci, demande l'amiral à Kizzy.

– Merci, dit-elle froidement.

– Tu pourras le mettre quand tu reviendras à l'école, dit Mrs Blount.

Kizzy se fige. L'amiral raccompagne Mrs Blount et lorsqu'elle entend, en prêtant l'oreille, le bruit de pas décroître dans l'allée, Kizzy prend le duffle-coat et le jette par la fenêtre.

Peters le trouve dans l'allée et le rapporte à l'amiral. Celui-ci ne rosse pas Kizzy, comme grand-mère l'avait fait quand elle avait mis les habits de Prue dans le tronc du pommier. Il se contente de dire à Peters de sécher le manteau, de le brosser et de le ranger.

– Faudra-t-il que je retourne à l'école ? demande Kizzy à l'amiral.

– Bien sûr. Quand tu seras guérie.

– Je suis encore malade, dit Kizzy.

– Tu vas beaucoup mieux.

– Oh ! non !

– Tu ne veux pas te lever ?

Kizzy réfléchit et dit :

– Je resterai au lit jusqu'à quatre heures, je me lèverai et prendrai le petit déjeuner. Quand je me coucherai le soir, je resterai au lit jusqu'à quatre heures le lendemain.

On croirait que le manteau a chassé la maladie en un éclair ! Le docteur Harwell déclare :

– Kizzy peut se lever maintenant.

Mais Kizzy n'a rien à se mettre. Peters a brûlé les vêtements et jeté les vieilles bottes qui prenaient l'eau.

– J'ai bien peur qu'il ne faille lui acheter des vêtements, amiral.

– Vous feriez mieux d'aller à Rye, Nat ou toi.

Il y a un silence, puis Peters dit d'un air décidé :

– Nat et moi ne serions pas bons à grand-chose dans un magasin pour fillettes. Et puis, pensez aux ragots.

Peters poursuit :

– J'ai une idée, amiral. Si vous alliez à Londres, vous pourriez acheter dans un grand magasin tout ce dont elle a besoin. Ce serait bien mieux pour Kizzy, amiral.

Mais l'amiral faiblit, lui qui, avec ses convois, s'est frayé de force un chemin vers la Russie pendant la guerre, a été torpillé deux fois et a reçu l'ordre du Mérite.

– Simplement des pulls et des jupes, amiral, dit Peters, essayant de l'encourager. De ces espèces de tabliers d'enfant... Je prendrai ses mesures pour vous, ajoute Peters, plein de bonne volonté.

Peters dessine un croquis où Kizzy, poupée de papier, figure sous forme de mesures disposées comme un plan de bateau : hauteur, largeur, profondeur. L'amiral Twiss part pour Londres et parcourt Oxford Street. Il regarde les vitrines, mais il y en a tant, avec des vêtements pour petites filles, qu'il reste abasourdi. Il sait où faire faire ses chaussures, où acheter ses chapeaux, où commander ses chemises, mais cette fois-ci... Il finit par aller chez son tailleur commander une veste dont il n'a pas besoin. Puis il demande :

– Phipps, connaissez-vous le meilleur magasin de vêtements pour enfants ?

– Le magasin Rowe, dans Bond Street, répond Phipps.

C'est tout près mais, quand il est devant la vitrine, l'amiral reste indécis. Un petit mannequin présente un manteau bleu pâle à col de velours, avec des gants blancs ; un autre porte un chemisier de soie jaune ; ils ne ressemblent en rien à Kizzy. Il y a aussi un petit mannequin en tenue d'équitation. L'amiral admire la coupe de la culotte.

Il se dit qu'il lui faudra offrir un poney à Kizzy, puis se souvient qu'elle n'est pas à lui. Il regarde de nouveau le manteau bleu, hoche la tête et s'éloigne.

Il se réfugie chez un coiffeur et se fait couper les cheveux, bien que ce ne soit pas nécessaire. Il demande au plus jeune :

– Vous avez des enfants, John ?

– Trois, amiral.

– Où achetez-vous leurs vêtements ?

– Chez Marks and Sparks, amiral. Plus exactement, Marks and Spencers. Ils ont des succursales partout. Ils sont vraiment précieux. Un de leurs plus grands magasins se trouve dans Oxford Street.

Il est en effet bien grand. L'amiral erre en tous sens le long des allées. Il y a beaucoup de monde et l'amiral est plongé dans un cauchemar de mouvement et de bruit. Les lumières l'éblouissent. Il ne sait d'ailleurs pas exactement ce qu'il doit acheter. Au bout d'un moment, il abandonne, hèle un taxi et va déjeuner à son club.

– Le menu et quelque chose de fort à boire, commande-t-il.

Puis il rentre par le premier train.

– Evidemment, dit Peters, évidemment. J'aurais sans doute fait pareil. Pas la peine d'envoyer Nat. Il va falloir demander à cette Mrs Blount.

– Et avoir des ennuis avec Kizzy ? De plus, Mrs Blount parlerait à coup sûr.

– Le village entier serait au courant, ajoute Peters. Si c'est cela que nous voulons, mieux vaut demander à Mrs Cuthbert.

L'amiral réfléchit.

– Il n’y a qu’une femme qui ne parle pas, dit-il. J’irai demander à Miss Brooke.

– Deux de chaque ? Trois ? demande Miss Brooke d’un ton professionnel.

– Trois, est-ce assez ? Moi, j’achète mes chemises et mes chaussettes par douze, dit l’amiral Twiss.

– Mais c’est une enfant. Ils grandissent, dit Miss Brooke. Un sur soi, un dans l’armoire, un à la lessive. Cela suffit.

– Mais... vous lui achèterez tout ? demande l’amiral.

– Bien sûr. Pyjamas, chemises, culottes, collants. C’est ce qu’elles portent maintenant. Il vaut mieux que j’achète tout à Londres, si vous ne voulez pas de commérages. J’irai demain ; je ne rapporterai rien et ferai tout venir par colis express. Je rédigerai une liste et contrôlerai ensuite.

– Des mouchoirs, dit soudain l’amiral. Il lui en faudrait. J’aime que les miens soient en batiste et roulottés à la main.

– Je lui en trouverai de jolis.

– Et un chapeau ? Il ne lui faut pas un chapeau ? Et un parapluie ?

– Je crois que Kizzy ne saurait qu’en faire, dit Miss Brooke.

Puis, comme l’amiral lui tend dix billets de dix livres, elle lui dit :

– Je n’aurai pas besoin de tout cela. Trente livres suffisent. Mais j’en prendrai quarante, en cas ; il ne faut pas tout acheter trop bon marché.

Elle compte quatre billets et rend le reste à l’amiral en le remerciant.

– Merci à vous, plutôt, et cela vient du cœur.

Sur le chemin du retour, l’amiral Twiss, soulagé, se dit :

« Voilà qui est fait. »

Sans bien comprendre pourquoi, il ne lui est pas venu à l'idée de ne pas faire confiance à Miss Brooke.

Les vêtements arrivent de Londres dans des cartons ; ils sont si jolis que Kizzy oublie qu'ils font se rapprocher la date du retour à l'école. Kizzy va trouver l'amiral et lui dit :

– Merci d'avoir choisi mes vêtements.

– Ce n'est pas moi.

Kizzy redresse vivement la tête.

– Qui alors ?

– Miss Brooke. Une dame très gentille.

Kizzy se renfrogne.

– Je n'aime pas les dames gentilles.

Une fois habillée, Kizzy se regarde dans un grand miroir et ne reconnaît que ses cheveux bouclés et ses anneaux d'or aux oreilles. Elle est maintenant plus grande et plus mince, plus pâle aussi, pense-t-elle ; ou est-ce parce qu'elle est si propre ? Elle sent ses mains : elles ont une fraîche odeur de savon, et Kizzy regrette soudain l'odeur du feu de bois, de grand air et de Joe, cette odeur d'autrefois ; Kizzy a envie de crier : « Quand pourrai-je retrouver tout cela ? »

C'est alors qu'elle reçoit sa deuxième visite.

Les vacances de Pâques viennent de commencer quand Clem annonce à sa mère :

– Je vais au château.

Mrs Oliver se demande s'il fait bien.

– Je suis un garçon... L'amiral Twiss ne dira rien ; et cette petite fille est mon amie.

Et, effectivement, Kizzy a un de ses rares sourires lorsque Peters lui amène Clem.

– Clem ! Tu es venu me voir, moi ! s'écrie-t-elle, stupéfaite.

– Bien sûr, dit-il ; puis il ajoute : Quelle maison ! Vraiment, quelle maison !

– Tu trouves ? demande Kizzy qui n'en sait pas assez sur les maisons pour juger. Elle est vieille et jolie.

Comparé à la ferme pleine de gens et d'animation où il vit, le château lui semble immense et vide.

– Quelle idée ! dit Clem. Descendre cet imposant escalier de pierre pour prendre le petit déjeuner, et s'asseoir à une petite place à l'extrémité de cette longue table, avec son gros chandelier d'argent. Et des bibliothèques, des salons de réception, une salle de billard, une armurerie. La chambre de l'amiral doit être entourée de pièces vides. Et tous ces portraits qui te dévisagent ! Non, merci, dit Clem, bien que le château l'eût accueilli avec gentillesse.

Il dîne dans la cuisine avec Kizzy, Nat et Peters.

L'amiral Twiss n'est pas avec eux ; il soupe seul à huit heures. Mais, après leur repas, il montre à Clem les coupes remportées aux courses, les cannes à pêche et aussi l'atelier où il fabrique ses maquettes.

– Mince ! C'est extraordinaire ! Il m'a promis qu'il me permettra de pêcher dans le lac et la rivière à truites. Et puis, raconte encore Clem, il est en train de fabriquer un remorqueur qui marchera vraiment à la vapeur. Vous verrez ça !

Kizzy est contente, flattée aussi, de la visite de Clem.

– C'est un des plus grands de l'école, mais il est venu me voir, dit-elle fièrement à Peters.

– Brave garçon, remarque Peters.

Nat dit de même, et l'amiral ajoute que Clem peut venir quand il veut. Mais la période de paix qu'avait connue Kizzy au château d'Amberhurst est terminée. Le monde extérieur commence à s'infiltrer...

Le docteur Harwell range son stéthoscope.

– Kizzy peut sortir. Elle est guérie. Vous vous êtes remarquablement occupés d'elle. Elle peut sortir, mais couvrez-la bien.

– Tu veux venir voir Joe avec moi ce matin ? dit l'amiral à Kizzy.

– Dans son pré ?

Le visage de l'enfant rayonne de joie.

– Oui, mais mets ton manteau.

La joie disparaît du petit visage.

– Je n'ai pas de manteau, murmure Kizzy.

– Si, dit l'amiral, celui que t'a offert Mrs Blount. Il est accroché dans le vestibule.

– Oh ! ce manteau-là !

– Celui-là, oui, dit l'amiral, et il ajoute : Si tu ne mets pas de manteau, tu ne viens pas voir Joe !

Il s'éloigne dans l'allée. A pas lents, Kizzy se dirige vers le vestibule pour prendre le manteau. L'amiral installe Kizzy sur le dos de Joe. Elle entoure de ses bras le cou énorme du vieux cheval, puis tous deux lui donnent des pommes.

L'amiral dit ensuite à Kizzy :

– Tu sais, Kiz, on ne fait pas toujours ce qu'on veut.

– Ce n'est vrai que pour les enfants, s'écrie-t-elle.

– Oh ! non ! Hélas ! dit l'amiral tristement.

Et il ajoute, après lui avoir boutonné son manteau :

– Nous aurons à accepter d'autres choses que ce manteau, toi et moi.

– Je veux voir Kizzy Lovell.

Peters n'aime pas les femmes, mais d'ordinaire il n'est pas irrité par les petites filles. Pourtant, quelque chose lui déplaît dans le petit visage pointu de Prudence, dans ses cheveux bien tirés, dans son manteau rose vif et ses élégantes chaussures blanches. Il n'aime pas non plus son ton impérieux, bien différent de celui de Clem, qui avait demandé : « S'il vous plaît, monsieur, pourrais-je voir Kizzy ? »

– Je veux voir Kizzy Lovell, répète Prue.

– Et elle, veut-elle vous voir ? demande Peters, barrant la porte de son corps trapu.

Prudence, surprise, répond :

– Peu importe, je suis venue la voir.

– Nous ne sommes pas obligés de recevoir tous les gens

qui viennent. Vous attendez ici, demoiselle, pendant que je vais demander.

Mais il n'est pas facile de laisser Prudence Cuthbert à l'écart ! Prudence se glisse dans la cuisine à la suite de Peters et se trouve nez à nez avec Kizzy.

Au son de la voix de Prue, Kizzy reste pétrifiée près de la table de la cuisine. Et, à la vue de Kizzy, Prue s'arrête aussi.

Peters racontera plus tard à l'amiral qu'elles s'étaient regardées comme deux jeunes chattes, toutes griffes dehors.

Puis Kizzy murmure :

– Va-t'en !

– C'est aimable, dit Prue, alors que j'ai fait tout ce chemin pour te voir !

Kizzy sait qu'elle ment. C'est le château d'Amberhurst que Prudence est venue voir, pour pouvoir en parler à l'école.

– Clem y est allé, alors pourquoi pas moi ? avait dit Prudence aux autres filles.

– Tu n'oseras jamais !

– Vous verrez.

– On ne te laissera pas entrer.

– Nous en reparlerons, avait répondu Prudence en relevant la tête.

La voici maintenant dans la place, malgré le « Va-t'en ! » de Kizzy.

Prue prend une voix douce et déclare :

– Tu vas bientôt revenir à l'école, alors j'ai pensé que nous pourrions être amies.

Mais Kizzy sait bien que Prue n'est pas vraiment

sincère : elle est tout occupée à fouiller des yeux, par-dessus l'épaule de Kizzy, le couloir où une porte matelassée conduit au reste du château.

– On ne pourrait pas... ? demande Prudence d'une voix enjôleuse, le regard fixé sur la porte.

– Non ! dit Kizzy.

– Tu as de beaux habits, tu es vraiment jolie, dit Prudence avec admiration.

– Va-t'en !

Prudence sort de nouveau les griffes.

– Pas la peine d'être si orgueilleuse ni si fière, juste parce que tu habites au château ! Dès que tu seras guérie, tu seras obligée de partir, maman l'a dit. Il y a une réunion pour toi la semaine prochaine. On te mettra sans doute dans une institution. Qu'en dis-tu ?

– Je n'irai pas dans une institution, dit Kizzy.

– Et où vivras-tu alors ? demande Prue, sarcastique.

– Je vivrai toute seule.

– Ne sois pas bête ! De toute façon, ta caravane a brûlé.

Le menton de Kizzy se relève, et elle dit :

– Monsieur l'amiral va me fabriquer une petite roulotte pour moi toute seule.

– Je ne te crois pas.

– C'est vrai.

– Je ne te crois pas.

– C'est vrai ! C'est vrai !

De son bureau, l'amiral Twiss entend Kizzy crier : « C'est vrai ! » et il se lève.

– Alors, il est dingue.

L'amiral arrive juste à temps pour voir Prudence et Kizzy se sauter dessus, ruant et mordant de rage. Peters les attrape chacune par la peau du cou et les sépare de force.

Mrs Cuthbert vient se plaindre et rencontre l'amiral dans l'allée. D'une voix aiguë, elle s'écrie :

– Une vraie petite sauvage, cette Kizzy ! Prudence est revenue chez nous couverte de bleus et la joue écorchée !

– Vous devriez voir la joue de Kizzy ! répond l'amiral.

Peters, lui, est plus sévère et dit à Kizzy :

– Ce n'est pas une façon de se conduire. Même si cette Prudence est tout à fait abominable.

– Je ferai toujours ça aux gens abominables ! déclare Kizzy.

– En voilà assez, cruchon ! Tant que tu seras au château, tu te tiendras bien. C'est parce que tu viendras du château que tu te tiendras bien, ou alors tu nous feras honte à la réunion.

Kizzy le regarde fixement. Alors c'est vrai ! Il va y avoir une réunion. Et Kizzy, brusquement, se met à grelotter.

L'amiral Twiss est dans son atelier ; il termine un remorqueur miniature, l'Elsie May, quand Kizzy entre. Elle regarde l'amiral et prend une grande inspiration :

– Vous voulez bien me construire une roulotte ?

De dessous ses sourcils, l'amiral lui lance un regard perspicace, puis déclare :

– Je ne construis que des maquettes.

– Vous voulez bien... m'acheter une roulotte ?

– Quand tu auras dix-huit ans.

Sans poser de questions inutiles, il ajoute :

– On ne te permettra pas d'habiter une roulotte tant

que tu n'auras pas dix-huit ans. A ce moment-là, on ne pourra pas t'en empêcher.

– Je ne pourrais pas vivre avec vous ?

Il hoche la tête et dit :

– On ne nous le permettrait pas, Kiz.

– Je pourrais vendre des bouquets de fleurs et des pinces à linge, si vous vouliez bien me les fabriquer. Cela paierait ma pension si vous n'avez pas assez d'argent.

L'amiral prend Kizzy par la main et la conduit à la bibliothèque. Il s'assied dans son fauteuil et la fait venir près de lui ; elle reste debout contre son genou.

– A cette réunion, Kiz, ils vont décider que le château d'Amberhurst n'est pas l'endroit qu'il faut pour une petite fille, et nous ne pourrons pas discuter.

Mais Kizzy, elle, discute.

– Une petite fille a vécu ici autrefois, Clem me l'a dit.

En faisant des yeux le tour de la chambre de Kizzy, Clem avait avancé :

– C'est une chambre de fille.

– C'est vrai ?

Une fois de plus, Kizzy n'a pas assez l'expérience des chambres pour savoir.

– Oui, regarde bien.

Effectivement, tout fait penser à une petite fille : le lit blanc, la coiffeuse minuscule, le petit fauteuil à bascule blanc, le tapis bleu, les rideaux de mousseline et le papier imprimé de fleurs de pommier.

– Je croyais qu'ils n'avaient eu que des garçons, mais il a dû y avoir une fille, avait dit Clem.

– Il y a bien longtemps, oui, dit maintenant l'amiral Twiss. Il y a un portrait d'elle dans le salon.

Ils vont tous deux dans le grand salon abandonné. Au-dessus de la cheminée est accroché le portrait grandeur nature d'une petite fille. Elle avait presque le même âge que Kizzy, mais son visage mince et finement charpenté ressemble à celui de l'amiral.

– Qui est-ce ? demande Kizzy.

– Ma grand-mère. Elle fut la dernière des Cunningham. Mon grand-père s'appelait l'amiral Twiss, mais, comme le château d'Amberhurst et la propriété étaient à ma grand-mère, ils prirent pour nom Cunningham Twiss.

– Comme vous, dit Kizzy.

– Oui, comme moi. Ils ont eu des fils ; mon père était l'aîné. Puis je suis né. Ma mère mourut peu après ma naissance. Tu vois, il n'y a eu que des garçons.

Kizzy examine le portrait. Elle n'aime pas les filles, pourtant elle aime celle du tableau : ses yeux marron ont un regard droit et bienveillant.

– Kezia Cunningham Twiss. Elle dormait dans ma chambre ? demande Kizzy.

– C'était sa chambre quand elle était petite. Au fait, Kiz, on t'a peut-être donné son prénom : Kizzy pourrait être le diminutif de Kezia. Elle connaissait ta grand-mère et elles étaient amies. Elle aimait les bohémiens.

Kizzy la regarde de nouveau.

– Kezia...

Elle ressent un étrange bonheur à la pensée qu'elles ont en commun le même prénom.

– Quand était son anniversaire ? demande Kizzy, l'air sérieux.

– Il faut que je cherche, répond l'amiral.

De retour à la bibliothèque, il ouvre une grosse Bible* qui occupait une étagère à elle toute seule.

– Nous y voici : Kezia Cunningham, née le 9 décembre 1858.

– Ce sera mon anniversaire, dit Kizzy.

Et, de même qu'elle a examiné le tableau, elle se plonge dans la liste des noms.

– Toute notre famille figure dans ce livre, dit l'amiral.

– J'aimerais bien y être ! soupire Kizzy. Elle aurait voulu que je reste, elle, surtout si je m'appelle Kezia.

L'amiral ne répond pas.

– Personne ne vient ici, insiste Kizzy, à part Clem, et il ne dirait rien à personne. Vous pourriez dire à tout le monde que je suis partie, que Mrs Doe m'a emmenée, et moi je resterais ici dans la chambre de votre grand-mère jusqu'à dix-huit ans.

L'amiral passe la main dans les boucles de Kizzy et répète :

– On ne nous le permettrait pas, Kiz.

– On n'en saurait rien, puisque Peters, Nat et vous ne parleriez pas. Je pourrais rester ici avec eux et avec vous, avec Joe, et je ne serais pas obligée d'aller à l'école.

– Bonne idée, dit l'amiral Twiss, mais ça ne marcherait pas.

Kizzy serre les lèvres.

---

* Bible de grand format sur les feuillets de garde de laquelle sont consignés les naissances, mariages, décès intéressant la famille.

CHAPITRE QUATRE

Cas de Kizzy Lovell :

Le Bureau de l'enfance a décidé de soumettre le problème à la cour, car « Nous sommes désarmés », a déclaré Mr Blount. La grande salle de la mairie, même dans une petite ville telle que Rye, est un lieu étrangement impressionnant pour y discuter le destin d'une petite bohémienne.

Tout est immense. La table, monumentale, est couverte de papiers. Un groupe de gens siègent sur trois côtés, le président au milieu, sur une chaise à haut dossier ; deux femmes magistrats l'assistent. Celle de gauche est Miss Brooke. En tant que directeur du Bureau de l'enfance, Mr Blount est présent. Le docteur Harwell est là aussi. Et, ce qui n'est pas pour leur faire plaisir, il y a également Mrs Cuthbert !

– Il est normal que je sois là, avait dit Mrs Cuthbert. N'est-ce pas moi qui ai découvert Kizzy ? De plus, je fais partie du Comité des écoles.

Mr Blount a rédigé l'histoire de Kizzy aussi brièvement que possible ; il a également reçu à ce sujet une lettre de l'amiral. Le président s'adresse à lui :

– Donnez lecture à la cour du rapport et de la lettre, s'il vous plaît, Mr Blount.

Quand la lecture est terminée, le président demande à Mr Blount, de donner des précisions.

– Eh bien, monsieur le président, l'amiral Archibald Cunningham Twiss a gardé Kizzy pendant qu'elle était malade. Mais elle est guérie maintenant. Et, malgré toute la bonté de l'amiral, nous ne sommes pas sûrs qu'il soit bon pour elle, monsieur le président, de rester plus longtemps au château d'Amberhurst.

– Surtout avec trois vieillards, dit Mrs Cuthbert.

Piqué au vif, le docteur Harwell répond, après avoir demandé du regard la permission au président :

– Je crois que l'amiral Twiss a soixante ans, Peters, le valet, la cinquantaine, et Nat, dans les quarante-cinq ans. Ce ne sont pas des vieillards.

– Ils sont trop vieux pour s'occuper d'une enfant !

– Mrs Cuthbert, je vous prie, vous parlerez à votre tour, dit le président, qui poursuit : Il semble qu'ils s'en soient très bien occupés. Nous avons en notre possession le rapport du docteur Harwell pour le prouver. Mais, même si c'était souhaitable, il ne serait pas juste de demander à l'amiral Twiss de la garder. Mr Blount, vous avez demandé à tous les parents adoptifs de votre registre ?

– Oui, monsieur le président, mais il n'est pas facile de placer une petite nomade. Ils semblent... avoir peur d'elle, monsieur le président, dit Mr Blount, l'air ennuyé.

– Eh bien, rien d'étonnant ! lance Mrs Cuthbert. C'est une petite chatte sauvage. Il y a eu des problèmes à l'école et vous verriez comme elle a griffé ma petite Prue ! Elle est sale...

– Plus maintenant ! dit Mr Blount.

– Elle n'est même pas bien élevée.

– Maintenant si !

– Et on dit qu'elle n'a pas de bonnes manières à table !

– Mr Blount ! Mrs Cuthbert ! Puis-je vous rappeler que nous siégeons à la cour, où l'on ne parle qu'à son tour ? Miss Brooke, dit le président en se tournant vers elle, je crois que vous avez quelque chose à dire.

– Simplement que l'on ne peut demander de bonnes manières à table à quelqu'un qui n'a pas de table. Certains petits bohémiens mangent avec leurs doigts et les essuient ensuite dans leurs cheveux.

– Pouah ! dit Mrs Cuthbert.

– Il n'y a pas de pouah pour eux. Ils croient que cela rend les cheveux souples et soyeux. Et puis, vous savez, ils nous trouvent sales, eux aussi, dans certains cas.

– Nous sales ? demande Mrs Cuthbert, incrédule.

– Plus que sales, dit Miss Brooke. Un bohémien pourrait refuser de boire du thé chez vous, parce qu'il ne peut pas voir comment vous lavez la porcelaine.

– Ça alors ! bafouille Mrs Cuthbert.

– Vous, vous pourriez utiliser la même bassine pour laver le linge, dit Miss Brooke. Eux, ils en utilisent deux. Vous, vous pourriez étendre les torchons dans le séchoir en même temps que des draps ou des sous-vêtements. Je crois que nous devons garder en mémoire, dit Miss Brooke en rougissant (comme si elle n'aimait pas imposer à l'assemblée une règle de conduite) que nous avons affaire à des conditions de vie différentes ; et différentes ne veut pas dire mauvaises.

– Sage rappel, dit le président qui s'adresse ensuite à

Mr Blount : Je crois que vous devriez faire entrer l'enfant.

Mr Blount va chercher Kizzy qui attend dans le vestibule, avec Peters. Elle entre, les chaussures aussi soigneusement cirées que celles de l'amiral, le manteau brossé, les cheveux lustrés. « Son visage a vraiment l'air diabolique », se dit Peters qui, après avoir introduit Kizzy, va regarder fixement par la fenêtre.

Mr Blount fait franchir à Kizzy la longue distance qui la sépare de la table.

– Bonté divine ! je ne m'étais pas rendu compte qu'elle était si petite ; presque au-dessous de la moyenne, dit Mrs Cuthbert.

– Pas vrai ! dit Kizzy entre ses dents.

– Mrs Cuthbert, une fois de plus, voulez-vous avoir l'obligeance de ne pas intervenir ? ordonne le président, puis il se penche vers Kizzy : Kizzy, tu connais certains d'entre nous, le docteur Harwell, Mr Blount, Mrs Cuthbert aussi.

A ce nom, le regard noir de Kizzy devient plus noir encore. Le président continue :

– Nous sommes tous ici pour essayer de t'aider.

Pas de réponse, juste un regard menaçant de dessous les cheveux bouclés.

– Maintenant, veux-tu nous dire, Kizzy, s'il y a quelque part quelqu'un chez qui tu aimerais vivre ?

La réponse est nette :

– A quoi bon vous le dire, puisque vous ne me le permettrez pas ?

Le président, d'un ton encourageant, interroge :

– Qu'en sais-tu ? Voyons, n'y a-t-il pas quelqu'un ?

– Moi !

Des sourires involontaires apparaissent tout autour de la table. Kizzy s'en aperçoit et se renfrogne de plus belle.

– Toi ? Mais, Kizzy, tu as sept ans, je crois ? A cet âge, les petites filles ne peuvent pas vivre toutes seules.

– Vous croyez ? dit Kizzy, méprisante. Je savais que vous diriez cela.

Et, se rendant brusquement compte que Mr Blount la tient toujours par la main, elle crie violemment :

– Lâchez-moi ! Lâchez-moi !

Ce cri d'enfant monte jusqu'aux fenêtres. Kizzy se dégage d'une secousse et essaie d'atteindre la porte. Mais l'huissier lui barre le passage et Mr Blount la rattrape. Il la ramène à la table. Kizzy est haletante. Accoudé au rebord de la fenêtre du couloir, Peters se bouche les oreilles et ferme les yeux.

– Je vous remercie, Mr Blount, dit le président et, de la main, il lui fait signe de s'éloigner. Maintenant, Kizzy, calme-toi et regarde-moi, déclare-t-il ensuite. Mr Blount ne te retiendra pas, personne ne posera la main sur toi si tu nous parles comme il faut. Alors, sois raisonnable.

Kizzy se tient tranquille. Elle s'agrippe au bord de la table, sa respiration est encore haletante.

– Maintenant, Kizzy, écoute-moi, dit le président. J'ai bien peur que nous ne puissions te permettre de vivre toute seule ; de plus, bien que l'amiral Twiss soit devenu, j'en suis sûr, ton ami pour toujours, nous ne pouvons te laisser habiter au château d'Amberhurst. Et cela pour plusieurs raisons. Ce qui signifie que nous devons te trouver une autre maison, tu comprends ?

Pas de réponse, juste le regard menaçant et le souffle haletant.

– Tu comprends ?

Toujours pas de réponse.

– Essayez, vous, dit le président à la femme magistrat assise à sa droite.

A son tour, celle-ci se penche en avant.

– Kizzy...

Obéissante, Kizzy a regardé le président, qu'elle aurait trouvé gentil dans d'autres circonstances ; mais elle se méfie des dames. Maintenant, la grosse dame lui parle d'une voix enjôleuse :

– Kizzy, tu n'aimerais pas aller là où il y a d'autres filles et d'autres garçons ?

Pas de réponse, mais un regard plus menaçant, des halètements plus marqués.

– Tu aurais quelqu'un avec qui jouer, comme si tu avais des frères et des sœurs ? Kizzy, ce serait bien si tu avais une sœur, non ?

Hélas ! le mot « sœur » a été prononcé. Les yeux de Kizzy reflètent un immense désespoir, « comme si elle était prise au piège », se dit Miss Brooke.

Alors, Kizzy crache sur la table. Il y a un silence tandis que tous fixent cette petite chose mouillée qui les insulte. Kizzy s'enfuit en courant et parvient cette fois à éviter l'huissier. Peters la rattrape à la sortie.

– Ça alors !

La gentille femme magistrat est désemparée, comme tout le monde dans la salle. La cour n'a pas l'habitude d'être défiée par une enfant de sept ans.

– Que vous avais-je dit ? s'exclame Mrs Cuthbert, triomphante.

S'ensuit une interminable discussion, sans résultat.

Il y a un long silence, puis Miss Brooke se tourne vers le président, qui lui demande :

– Vous avez une idée, Miss Brooke ?

– Je sais qu'une adoption doit être faite par une famille – normalement par un couple – pour que l'enfant puisse avoir, pour ainsi dire, un père et une mère. Mais Kizzy n'a jamais connu ni l'un ni l'autre, c'est peut-être pour cela qu'elle est différente... Et ce n'est pas un bébé, elle a sept ans déjà, dans la mesure où nous pouvons en juger. Maintenant que les Blount se sont installés chez eux (ici Miss Brooke sourit à Mr Blount), j'ai une chambre libre. Je pourrais prendre Kizzy.

– Vous ?

Tous la dévisagent.

– Oui.
– Après ce spectacle ? demande Mrs Cuthbert, incrédule.
– Justement.
Miss Brooke rougit de nouveau et poursuit :
– Je me suis toujours intéressée aux bohémiens et, chose assez curieuse, j'ai été amenée plusieurs fois à traiter avec eux. J'ai été magistrat un bon nombre d'années dans mon Berkshire natal...
Mrs Cuthbert se redresse.
– Nous avons eu deux cas de petits bohémiens ; des enfants qui n'allaient pas à l'école. Quand j'étais avocat...
– Vous avez été avocat, Miss Brooke ? demande Mrs Cuthbert.
– Oui, répond Miss Brooke, qui devance Mrs Cuthbert en disant : Mais j'ai arrêté pour m'occuper de mon père. Une fois, en tournée, avec le tribunal, j'ai défendu une famille de bohémiens. Je crois comprendre ce que c'est que d'être sans foyer. Je pense savoir comment agir avec les gens déracinés. L'un des garçons d'écurie de mon père était aussi bohémien.
– Vous aviez des écuries ?
Au fur et à mesure que Miss Brooke remonte dans son passé, Mrs Cuthbert est de plus en plus en émoi.
– Alors vous deviez avoir une grande maison...
Miss Brooke poursuit, imperturbable, sans tenir aucun compte de la réflexion de Mrs Cuthbert :
– Il m'a beaucoup appris sur les bohémiens. Peut-être ne réussirai-je pas avec Kizzy, mais je peux essayer. Bien sûr, je crains qu'elle ne se sente plutôt à l'étroit dans ma petite maison.

– Votre maison est plus vaste qu'une caravane, dit le président.

– C'est vrai, mais sa roulotte était ouverte ; Kizzy vivait dehors, et le château d'Amberhurst, où elle se trouve depuis, est si spacieux... Ma maison est tout de même la dernière du village, en bordure du pré communal ; Kizzy ne se sentira peut-être pas enfermée.

– Et je n'habite pas loin, intervient bruyamment Mrs Cuthbert. Je peux vous aider.

– Je ne m'occuperai de Kizzy qu'à la condition de ne pas être aidée, déclare Miss Brooke d'un ton ferme, tandis que le rouge de ses joues s'accentue.

Et elle ajoute :

– Sauf par Mr Blount, bien sûr. Oui, élever Kizzy sera difficile. Je pense que nous nous rendons tous compte en ce moment qu'elle sera malheureuse pendant un certain temps, qu'elle se montrera peut-être hostile.

– Hostile ! Comment oserait-elle ? intervient de nouveau Mrs Cuthbert.

Le président lève une main péremptoire et dit d'un ton sec :

– Madame ! Je n'accepterai plus vos interruptions. Si vous persistez, je vous ordonnerai de quitter la salle !

Puis, se tournant vers Miss Brooke, il ajoute :

– Etes-vous vraiment prête à prendre cette enfant... hostile... ?

– Que serions-nous à sa place ? dit très simplement Miss Brooke. Oui, je serais volontiers prête à m'en occuper, à essayer.

– Merci, dit le président. Le cas de cette petite fille est si particulier que nous devrions être reconnaissants pour toute solution, sans parler de celle-ci, qui promet tellement. Pouvons-nous entendre ce qu'en pense Mr Blount ?

– L'idée est excellente.

La cour décrète donc que Kizzy ira habiter chez Miss Brooke et que Mr Blount ira la voir de temps à autre. L'affaire est réglée.

« Elle commence à peine à être réglée », aurait rectifié Kizzy.

Le trimestre a commencé lorsque l'amiral Twiss dit :

– C'est pour ce matin.

Il fait appeler Kizzy après le petit déjeuner et lui annonce :

– Peters va t'emmener à l'école. Ensuite, il réunira tes affaires et les portera chez Miss Brooke. C'est elle qui ira te chercher à l'école.

Miss Brooke n'a presque pas parlé pendant que Kizzy était dans la salle du tribunal, si bien qu'elle l'a à peine remarquée. Mais, depuis, Miss Brooke est venue au château « pour faire plus ample connaissance avec Kizzy ».

– Que vous disais-je ! grogne Peters. Qu'une vienne un jour, les autres suivent ! J'avais bien raison !

Si Peters se montre glacial, ce n'est rien en comparaison de Kizzy. L'amiral a introduit l'enfant dans la bibliothèque, et Kizzy n'a pas prononcé un seul mot. Miss Brooke n'a pas essayé d'engager la conversation. Après avoir dit « Bonjour, Kizzy », elle s'est adressée à l'amiral. Tout d'abord, l'entretien est guindé, car l'amiral est presque timide à l'excès. Mais, dès que Miss Brooke l'interroge sur ses coupes d'argent, il lui parle aussi facilement que si elle avait été Nat.

– Jusqu'à ce qu'elle m'ait fait trébucher, raconte-t-il à Nat par la suite.

L'amiral avait dit d'une certaine course :

– Oui, ce fut une belle journée. Je me souviens que Cour de Chine remporta le Grand Prix métropolitain.

– Pas Cour de Chine, mais Mirzador, dit Miss Brooke.

Et, comme l'amiral reste ébahi, elle explique :

– Je sais cela parce que c'est mon père qui l'entraînait.

– Votre père ? Mais alors... votre père...

– Etait Gerald Brooke...

– Grand Dieu ! s'écrie l'amiral.

Et, se tournant vers Kizzy, il lui dit :

– Le père de Miss Brooke était un célèbre entraîneur de chevaux de course. Alors, tu vois, elle doit aimer les chevaux, elle aussi.

Kizzy se contente de froncer les sourcils.

Miss Brooke est assise dans le grand fauteuil en face de l'amiral, et il se demande pourquoi elle est venue habiter le village.

Il se rappelle vaguement avoir entendu dire qu'à sa mort Gerald Brooke n'avait presque pas laissé d'argent. Miss Brooke ne dit rien de plus sur elle-même. Elle parle des chevaux d'Amberhurst et de Kizzy, mais l'amiral s'aperçoit qu'il la regarde plus qu'il ne l'écoute. Et, lorsqu'elle se lève pour partir, il doit faire un effort pour s'empêcher de lui dire : « Vous savez, vous souriez avec les yeux. »

Un sourire pareil ne peut mentir et l'amiral se sent réconforté en pensant à Kizzy.

Aujourd'hui, l'amiral quitte la table de son petit déjeuner et se mouche. Ses sourcils s'agitent tandis qu'il conduit Kizzy à la bibliothèque et s'assied près du feu. Comme toujours, Kizzy se tient près de lui. Mais, cette fois-ci, elle reste raide et butée comme un bout de bois.

– Cela ne sert à rien, Kiz, dit l'amiral. Il nous faut accepter la décision de la cour. Mais je veux que tu saches que tu resteras toujours notre petite fille, à Peters, à Nat et à moi ; et je voudrais conclure un marché avec toi.

– Lequel ? chuchote Kizzy.

Elle regarde la bague de l'amiral, avec l'oiseau sur l'écu, et se rappelle la première fois où elle l'a vue. Maintenant, des larmes lui brûlent les yeux.

– Je promets de m'occuper de Joe pour toi. Tu viendras tous les samedis passer la journée avec nous. Miss Brooke dit que tu peux venir ; tous les dimanches aussi, si tu veux. Mais, toi, tu dois promettre de faire tout ce que te dira Miss Brooke.

– Et si je ne le fais pas ?

Ces mots semblent lui échapper.

– On dira peut-être que nous t'avons mal élevée et on ne te permettra pas de venir nous voir. Ce serait bien triste pour toi et pour moi. A ta place, je promettrais, Kiz. Promets de faire ce que dira Miss Brooke.

– Je promets, dit Kizzy.

Kizzy acquiesce. Mais on peut parfois déformer une promesse...

Miss Brooke arrive en voiture à l'école. Elle vient chercher Kizzy ; mais Kizzy est partie.

– Je lui avais bien dit de vous attendre, dit Mrs Blount, étonnée.

– C'est sûrement pour cela qu'elle est partie.

– Vous pensez qu'elle a rejoint le château ? Je vous plains d'avoir à courir après elle.

Mais Miss Brooke n'a pas à courir.

Elle roule lentement le long des chemins et, devant les grilles du château, se tient Kizzy, petite silhouette perdue et indécise. Quand Miss Brooke arrête la voiture, la petite Kizzy lui tourne un dos rebelle. Pourtant, elle apprend immédiatement une chose sur Miss Brooke : comme l'amiral, elle ne pose pas de questions. Ainsi, elle ne lui demande pas : « Et où vas-tu comme ça ? » ou encore : « Pourquoi ne m'as-tu pas attendue comme on te l'avait dit ? »

Au contraire, Miss Brooke lui dit :

– Kizzy, c'est l'heure du thé. Je peux rouler derrière toi, si tu veux, mais, à ta place, je monterais dans la voiture.

– Je ne mangerai rien, je ne boirai rien, et je ne vous parlerai pas ! dit Kizzy à table.

– Cela ne sera pas très intéressant, ni pour toi ni pour moi, si ? répond Miss Brooke d'une voix calme.

La table a été rapprochée de la fenêtre, où se trouvent des

pots de jacinthes. Miss Brooke a préparé des toasts au fromage dans un plat brûlant ; les petits pains aux raisins qu'elle a faits sentent bon les épices ; il y a aussi de la confiture de framboises. Mais Kizzy sort de sa poche l'un des deux croûtons qu'elle a gardés du déjeuner de l'école. Elle le pose sur son assiette. Il est si dur qu'elle arrive à peine à mordre dedans ! Elle ne touche ni au beurre ni aux confitures. Miss Brooke n'a pas l'air bouleversée. Elle continue à manger et à boire. Et, lorsque Kizzy a fini, Miss Brooke débarrasse la table calmement. Kizzy l'entend fredonner pendant qu'elle fait la vaisselle. « Elle s'en moque », pense Kizzy, et son cœur se serre. Elle s'assied sur le tapis devant le foyer pour caresser le gros chat de Miss Brooke. Kizzy aime bien ce chat.

– Il s'appelle Chuff, dit Miss Brooke, de la cuisine.

Kizzy retire sa main.

Puis Miss Brooke revient.

Elle n'allume pas la télévision pour prendre ensuite son tricot ou son ouvrage, comme le font la plupart de ses voisines. Bien au contraire, elle s'assied, ouvre un livre et, prenant bien soin de ne pas regarder Kizzy, se met à lire à haute voix.

Il était une fois un prince qui n'avait pas beaucoup d'argent, mais il possédait un royaume. Celui-ci était tout petit, mais assez vaste pour que le prince pût s'y marier. C'était justement son intention...

Du coin de l'œil, Miss Brooke remarque que Kizzy est attentive, peut-être parce qu'elle est surprise. Personne ne lui a jamais lu d'histoire auparavant.

Néanmoins, il était très hardi de sa part d'aller droit à la fille de l'empereur et de lui dire : « Voulez-vous m'épouser ? » Pourtant elle...

Miss Brooke a une voix enchanteresse ; le salon semble se peupler de princes, de dames d'honneur, d'empereurs...

Sur le tapis, Kizzy reste immobile. Miss Brooke met plus d'expression dans sa voix.

Un moment s'écoule avant qu'elle ne s'aperçoive que Kizzy s'est bouché les oreilles.

Dans la roulotte, Kizzy allait se coucher en même temps que grand-mère. Mais, dans les maisons, les enfants semblent avoir une heure précise. Au château, Peters expédiait Kizzy au lit à sept heures ; elle aurait bien voulu savoir si c'était la même chose chez Miss Brooke mais, comme elle a annoncé qu'elle ne parlerait pas, elle ne peut pas poser la question. Puis, lorsque, dans le tout petit vestibule, la pendule sonne sept heures, Miss Brooke dit à Kizzy :

– Il est l'heure d'aller au lit.

Miss Brooke voulait faire une surprise à Kizzy en lui montrant sa chambre.

C'est une petite pièce sous le toit, avec un plafond en pente ; quand la fenêtre est ouverte, le soir, on se croit dans les étoiles. Les meubles sont ceux de Kezia Cunningham, du château d'Amberhurst : le lit blanc, la petite coiffeuse, le petit fauteuil à bascule, le tapis bleu.

– L'amiral Twiss a pensé que tu te sentirais mieux chez toi ainsi, dit Miss Brooke.

Elle ne précise pas qu'elle a peint les murs, acheté la lampe de chevet, tapissé l'intérieur de l'armoire, accroché les vêtements de Kizzy et rangé son linge dans une commode blanche.

Kizzy ne dit rien. Si Miss Brooke est déçue, elle n'en montre rien ; elle conduit ensuite Kizzy à l'étage.

– Il lui faut une femme pour s'occuper d'elle ! avait gloussé Peters. Attendez l'heure du bain !

– Elle proteste ? s'était enquis l'amiral.

– Comme un chat enragé, avait dit Peters.

– Comment faisais-tu, toi ?

– Je la tenais dans l'eau d'une main et je la lavais énergiquement de l'autre, avait expliqué Peters. Les femmes, elles, essaient de cajoler, de câliner. Cela se passe toujours ainsi.

Mais Miss Brooke agit différemment.

– Voici la salle de bains. Tu as là ton pyjama et ta robe de chambre. Si tu n'aimes pas prendre un bain, tu peux te tenir debout dans la baignoire et te laver avec ceci, dit Miss Brooke en montrant à Kizzy la pomme de la douche.

Miss Brooke compte que l'enfant sera fascinée par la douche et elle a raison. Une lueur traverse les yeux de Kizzy, qui se sent obligée de parler :

– C'est comme un petit arrosoir.

– Eh bien, tu peux t'arroser, mais fais attention, car l'eau est très chaude.

Miss Brooke lui montre comment régler les robinets et recommande :

– N'arrose pas les murs.

Dommage, parce que c'est exactement ce que Kizzy a l'intention de faire ! Mais elle a promis d'obéir à Miss Brooke. A la place, elle arrose donc le sol.

L'eau inonde la salle de bains et commence à couler sur le palier et dans l'escalier. Kizzy arrête la douche et attend. Miss Brooke monte l'escalier.

– Vous ne m'aviez pas dit de ne pas le faire, dit Kizzy.

Elle se tient en pyjama sur une île de tapis de bain et de serviettes et baisse la tête au cas où Miss Brooke la battrait. Mais Miss Brooke n'en fait rien. Un instant, ses yeux noisette lancent des éclairs comme si elle était en colère, mais elle dit :

– Tu as eu une pneumonie, je ne peux donc pas te demander de m'aider à éponger. Tu as les pieds glacés. Je vais te chercher une bouillotte.

Elle met Kizzy au lit et, quelques minutes après, place à ses pieds une bouillotte enveloppée d'un châle. Miss Brooke brosse les cheveux de Kizzy, sans tirer comme le faisait Peters, et demande :

– Veux-tu un livre ?

Kizzy secoue la tête. Elle a délicieusement chaud. Mais, par la porte ouverte, elle voit Miss Brooke, ses cheveux doux et soyeux, sa tête courbée, son dos fléchi, tandis qu'à genoux elle éponge ; ses mains sont rouges à force de tordre les serpillières. Miss Brooke a l'air fatigué. Kizzy se souvient que Miss Brooke est venue la chercher à l'école, ou plutôt aux grilles du château, sans un mot de reproche. Elle pense aux toasts au fromage, à la confiture de framboises, à l'histoire lue devant le feu. Elle fait des yeux le tour de la jolie chambre préparée pour elle. Elle sent la bouillotte à ses pieds ; elle se rappelle combien Miss Brooke lui a parlé gentiment, même après l'inondation.

Peters aurait gloussé de rire, mais pas l'amiral.

« Que penserait de toi monsieur l'amiral ? » semble demander une petite voix désagréable dans le cœur de Kizzy, et elle voit, non pas ses yeux à lui, mais ceux de la petite Kezia Cunningham.

Kizzy a envie de se lever pour aider Miss Brooke à éponger ; naguère, elle serait allée aider grand-mère, alors que grand-mère l'aurait rossée à coup sûr. Kizzy hésite, mais ne se lève pas.

Depuis la mort de grand-mère, non, depuis qu'elle, Kizzy, va à l'école, un sentiment a grandi dans son cœur. Elle ne l'avait jamais éprouvé auparavant. C'est une rancune qui la rend dure et désagréable, et la met en colère contre tout le monde. Seuls l'amiral, Peters, Nat et Clem y échappent. « Tous ! Je les déteste tous ! » a-t-elle envie de dire. Mais qu'il semble difficile de détester Miss Brooke ! Kizzy serre les dents, enfouit sa tête dans l'oreiller pour ne plus la voir. Elle tend alors l'oreille.

Quelqu'un a ouvert la porte d'entrée, sans frapper, et Kizzy reste figée en reconnaissant la voix de Mrs Cuthbert.

– Olivia, je passe simplement pour voir si tout va bien.

Kizzy retient son souffle. Est-ce que Miss Brooke va tout raconter ? Kizzy a envie de dire : « C'est une bataille entre nous deux uniquement. » Mais peut-être que Miss Brooke...

Et Miss Brooke répond :

– Aussi bien que possible, je vous remercie.

Un peu plus tard, Kizzy l'entend monter. Miss Brooke a rangé le seau et les serpillières et entre dans la chambre de Kizzy. De nouveau, l'enfant retient son souffle...

– Bonne nuit, Kizzy. J'espère que tu as bien chaud maintenant. Dors bien.

Miss Brooke se penche pour l'embrasser. Quand elle est partie, Kizzy fond en larmes.

Miss Brooke n'a rien dit à Mrs Cuthbert mais, quand l'amiral téléphone, elle n'hésite pas à tout lui raconter, même les larmes.

– Vous êtes revenue près d'elle ?

– J'ai pensé qu'elle versait de bonnes larmes, dit Miss Brooke. Je l'ai donc laissée pleurer.

Chose surprenante, Peters commence à connaître Miss Brooke. « Un petit peu », aurait-il dit. Lorsque Nat et lui ont apporté les meubles, il a demandé à Miss Brooke :

– Qui va remonter le lit ?

– Moi, répond Miss Brooke.

Peters a regardé les petites mains, le corps frêle, et il a dit :

– Nous allons le faire. Je suppose que vous ne savez pas tellement vous servir d'une clé anglaise...

– Vous seriez bien étonné ! proteste Miss Brooke. Mais j'accepte avec plaisir.

Elle sourit avec les yeux comme l'avait noté l'amiral.

– Nous allons installer le tapis, si vous voulez, dit Peters d'un ton bourru.

– Je vous remercie.

Le tapis ne couvre pas complètement les lames du parquet, et Miss Brooke annonce :

– Je veux les teindre. J'ai peint les murs moi-même.

– Ce n'est pas mal fait, dit Peters, mais le parquet, c'est un travail d'homme. On fait un saut à Rye, on achète un pot à séchage rapide, et on s'en occupe tout de suite. Ainsi ce sera fait.

Nat et lui passent la teinture sur le parquet, et Miss Brooke leur porte sur un plateau de grandes tasses de café brûlant et une assiette de pains au lait encore chauds.

– Elle n'a pas dit un mot, elle a juste posé le plateau, dit Peters.

Il a l'air approbateur. Il n'ajoute pas qu'à leur départ Miss Brooke leur a souri, de nouveau. Peters se souvient de ce sourire.

Le lendemain, au petit déjeuner, Kizzy mange son deuxième croûton ; Miss Brooke, elle, s'est préparé du café et des œufs brouillés.

– J'ai invité Clem Oliver à prendre le thé, annonce-t-elle.

Kizzy regarde fixement son assiette. Elle sait bien quelle est l'intention de Miss Brooke. Si Clem vient, Kizzy ne pourra le laisser manger seul et devra l'imiter. Elle décoche à Miss Brooke un regard mêlé de haine et d'admiration.

Miss Brooke confectionne des galettes, elle les dépose encore brûlantes dans l'assiette des enfants et les arrose de sirop doré.

– Extraordinaire ! s'écrie Clem.

Il y a du pain d'épice et des sandwiches au jambon, et Kizzy doit s'avouer que c'est bien meilleur que les repas de Peters ! Affamée comme elle l'est, elle est reconnaissante à Clem d'être venu. Mais, bien sûr, elle n'avoue rien à haute voix et, Clem ne pouvant venir tous les jours, le lendemain, les croûtons sont de retour.

Il le faut. Kizzy ne sait pas l'expliquer avec des mots, mais elle sent que, si elle se met à aimer Miss Brooke, cela compliquera tout. Elle se dit qu'à ce moment-là elle ne pourra plus être désagréable. Si seulement Miss Brooke lui ordonnait de manger !...

C'est ce que suggère l'amiral :

– Elle a promis de faire ce que vous diriez. Elle tiendra parole. Vous n'avez qu'à parler.

– Je le sais, répond Miss Brooke, mais j'aimerais mieux qu'ellc agisse d'elle-même. Je ne veux pas d'une enfant obéissante qui serait intérieurement comme un petit chaudron en ébullition.

C'est Mrs Cuthbert qui, sans le vouloir, règle le problème. Kizzy a passé le samedi et le dimanche au château. « Heureusement, là-bas, elle mangera ! » s'était dit Miss Brooke.

Jours bénis pour Kizzy. Mais le week-end est si vite passé ; lundi est déjà là. Kizzy sort les croûtons. Miss Brooke ne dit rien au repas, mais son visage est si triste que Kizzy ne peut supporter de la regarder. Miss Brooke prend une galette de pommes de terre aux herbes, encore chaude.

Elle vient de commencer son repas lorsqu'on frappe à la porte...

Mrs Cuthbert entre et, du premier coup d'œil, elle remarque les croûtons.

– Ça alors ! Franchement, Olivia, c'est tout ce que vous donnez à cette pauvre enfant ?

– C'est ce qu'elle préfère, dit Miss Brooke sans hausser le ton. Voulez-vous du thé, Edna ?

Mais Mrs Cuthbert est indignée.

– Vous la laissez manger des croûtons pendant que vous êtes là à vous gaver ?

Elle regarde les galettes de pommes de terre brunes et croustillantes, saupoudrées de persil.

– Je n'aurais jamais cru cela de vous, Olivia ! Jamais, au

grand jamais, dit Mrs Cuthbert. Après tout, vous touchez assez d'argent pour sa pension. C'est malhonnête ! Kizzy, viens donc chez moi, tu partageras notre repas, à Prudence et à moi.

« Jamais, jamais, jamais », disent les yeux de Kizzy.

Mrs Cuthbert ne doit pas savoir que, dans son petit cœur sauvage, Kizzy la tient pour responsable de tout ce qui est arrivé : elle est sûre que, si elle n'était pas allée à l'école, elle aurait pu empêcher grand-mère de mourir ; leur roulotte n'aurait pas brûlé ; Mr Doe n'aurait pas essayé d'envoyer Joe à l'équarrisseur, et elle n'aurait pas eu de pneumonie.

Pourtant, si elle n'avait pas eu de pneumonie, elle n'aurait pas rencontré des amis tels que l'amiral, Peters et Nat ; mais elle est trop en colère pour y penser.

– Je peux bien manger des croûtons si j'en ai envie, n'est-ce pas, Miss Brooke ?

– Je n'y vois pas d'inconvénient, répond Miss Brooke.

– Elle me laisse manger tout ce que je veux, se vante Kizzy.

Elle lance à Mrs Cuthbert un regard furieux et tend la main pour prendre un pain au lait ; Miss Brooke vient juste d'en retirer une fournée de la cuisinière.

Kizzy étale ensuite une grosse cuillerée de confiture sur son petit pain.

– De la confiture, des petits pains et des croûtons, dit Kizzy.

– Et des galettes de pommes de terre, ajoute Miss Brooke qui en fait glisser deux dans l'assiette de Kizzy. Vous voyez, Edna, tout ne va pas si mal ! Mais c'est très aimable à vous de vouloir inviter Kizzy. Dis merci, Kizzy.

– Merci, dit Kizzy, la bouche pleine.
– On ne parle pas en mangeant, proteste Mrs Cuthbert.
– Miss Brooke m'a dit de dire merci.

Ce soir-là, au téléphone, Miss Brooke raconte à l'amiral :
– Tout le village va savoir que je laisse Kizzy mourir de faim. Peu importe, elle mange maintenant.

Hélas ! le triomphe est de courte durée ! Cela se passait un lundi ; le mardi, Kizzy s'enfuit. Elle court directement de l'école au château d'Amberhurst, et l'amiral la renvoie aussitôt à Miss Brooke, raccompagnée par Peters.

– Mais elle ne m'a pas dit de ne pas m'enfuir ! proteste Kizzy.

– Tu savais que tu ne devais pas le faire, dit l'amiral.

Kizzy le savait, mais elle s'enfuit néanmoins le lendemain... au château.

– Que se passe-t-il ? demande Peters. Avant, tu étais raisonnable. Ce n'est pas bien, ce que tu fais.

Kizzy reste muette et, le lendemain, jeudi, Peters annonce à l'amiral :

– Elle est encore revenue.

L'amiral se voit contraint de prendre des mesures, mais il y va prudemment.

– Si tu continues ainsi, Kiz, on nous confisquera notre samedi.

– Confisquer ?

– Nous le supprimer, explique l'amiral. Et le dimanche aussi, ajoute-t-il, frappé par le désespoir qui se peint sur le visage de l'enfant.

Bien entendu, au village, on a vu Peters raccompagner Kizzy.

– Quelle humiliation pour vous, Olivia ! dit Mrs Cuthbert, compatissante. Vous l'avez punie ?

Miss Brooke fait non de la tête en disant :

– Elle doit avoir une bonne raison.

– Allons donc ! Vous n'êtes pas assez ferme, Olivia. Elle veut simplement agir à sa guise. J'avais bien dit que cela ne marcherait pas. Cette enfant a besoin d'un père adoptif pour la dresser.

– Les pères savent-ils vraiment dresser les petites filles ?

– Et puis il lui faut d'autres enfants.

– D'autres enfants ? demande Miss Brooke, l'air pensif, puis elle ajoute : Je me le demande...

Le vendredi à cinq heures, Miss Brooke téléphone au château :

– Kizzy n'est pas rentrée et il se fait tard. Est-elle chez vous ?

– Elle n'est pas venue, dit l'amiral Twiss.

– Où peut-elle bien être ? demande Miss Brooke, inquiète.

– Attendez, dit l'amiral brusquement. Je crois savoir où nous pourrions la trouver. De toute façon, je vous rappellerai.

Il sort, traverse les pelouses ; la lumière du soir éclaire les châtaigniers. Il arrive au pré. Joe est là, fouettant de sa queue les hautes herbes. Recroquevillée sur son dos, il y a, comme s'y attendait l'amiral, une petite forme en duffle-coat marron.

Kizzy a si froid qu'ils ont peur d'une rechute. L'amiral reconduit lui-même Kizzy à Miss Brooke et « reste deux heures », comme le racontera plus tard Mrs Cuthbert.

– Kizzy, tu me rends très malheureux, lui dit-il dans la voiture.

– Je suis bien plus malheureuse que vous ! répond Kizzy.

– Mais qu'est-ce qu'elle a donc ? demande l'amiral, assis près du feu, là où Miss Brooke lui a demandé d'attendre pendant qu'elle donne une douche chaude à Kizzy et la met au lit.

Il étudie son visage à la lueur du feu, lorsqu'elle est de retour en face de lui. Ce n'est pas un joli visage, mais il plaît à l'amiral : de bonnes pommettes, un petit menton ferme, des yeux noisette, beaux et calmes.

– Que peut-elle avoir ? demande-t-il de nouveau. Avez-vous pu obtenir quelque chose d'elle ?

– Rien. C'est en partie que la maison est trop étroite pour elle et le village trop proche, comme je le craignais. D'un autre côté... je me demande si j'ai raison, dit Miss Brooke.

– On me l'a confisqué ?

C'est aujourd'hui samedi ; Kizzy est debout près du lit de Miss Brooke, et il n'est que six heures du matin.

– Confisqué ? répète Miss Brooke en levant la tête, les yeux encore pleins de sommeil.

– On me l'a supprimé ? Je ne peux pas aller au château ? demande Kizzy.

Penchée sur le lit de Miss Brooke, elle la dévisage, l'air anxieux.

– Je peux aller au château, ou on m'a confisqué mon week-end ?

– Bien sûr, tu peux y aller.

Miss Brooke dépose à la grille une enfant toute différente de la petite fille qui boudait en silence dans la semaine. Miss Brooke la regarde remonter l'allée en courant. Elle attend de voir l'anorak rouge disparaître au milieu des arbres et s'éloigne, plus sûre que jamais.

Le lundi matin, Miss Brooke dit à Kizzy :

– Il me faut te demander de rentrer directement ici après l'école. Directement ici.

Miss Brooke a évité de dire « à la maison ».

– Ce serait plus facile si je venais te chercher ? demande Miss Brooke.

Un instant, le visage de Kizzy s'éclaire comme si un rideau s'était levé, pour s'assombrir aussitôt.

– Je ne suis pas un bébé, réplique-t-elle.

– Olivia, votre petite a traversé le village comme un éclair, dit Mrs Cuthbert. On aurait cru qu'elle avait une meute à ses trousses.

« C'était peut-être le cas... » songe Miss Brooke sans le dire.

Le lendemain après-midi, Miss Brooke attend si longtemps qu'elle commence à penser que Kizzy s'est de nouveau enfuie au château ; c'est alors qu'elle la voit franchir la grille. Il y a quelque chose de si las et de si désespéré dans sa démarche que Miss Brooke court à la porte.

– Kizzy ?

Les boutons du manteau ont sauté, le capuchon est à moitié arraché ; Kizzy a les cheveux pleins de boue et la joue écorchée.

– J'ai été rattrapée.

C'est tout ce qu'elle accepte de raconter.

– Pourtant, je les avais avertis à l'école, dit l'amiral au téléphone, une fois Kizzy couchée. Elle m'a tout raconté quand elle était malade. Ils étaient prévenus et ils avaient dit qu'ils seraient vigilants.

– A l'école, oui, dit Miss Brooke, mais pas hors de l'école. C'est pour cela qu'elle court au château d'Amberhurst. Les enfants ne passent pas par là d'habitude, et elle sait que l'un de vous pourra la ramener ici plus tard en toute sécurité. Ce sont les filles. Clem Oliver réglerait leur compte aux garçons. Je suis sûre que ce sont les filles.

– Pourtant, les petites filles...

– Sont pires, et de loin ! fait Miss Brooke.

Le raccourci qui mène de l'école au village emprunte un étroit chemin ; il longe ce que les gens du village appellent le grand champ ; il est bordé d'ormes et d'une épaisse haie d'aubépine. Tous les enfants passent par là pour aller à l'école et pour en revenir. Le lendemain après-midi, un peu avant trois heures, Miss Brooke s'installe dans le grand champ, derrière la haie. Par un trou, elle surveille le chemin qui conduit à l'école.

La cloche sonne. Aussitôt jaillit une petite silhouette qui enfile son manteau tout en courant vers le chemin ; peu après surgissent une douzaine de filles. Presque au niveau de Miss Brooke, Kizzy tombe.

– Hier, on a cousu les manches de son manteau pour qu'elle ne puisse pas le mettre, raconte Elizabeth Oliver à son frère. Ainsi on a pu l'attraper, tu comprends ? Aujourd'hui, Prue et Mary Jo ont demandé à aller aux cabinets et elles sont vite sorties pour attacher une ficelle en travers du chemin, assez bas pour que Kizzy ne la voie pas.

Mince ! Elle s'est étalée de tout son long... Dès que Kizzy est à terre, toutes s'abattent sur elle.

Regardant au travers des feuilles, Miss Brooke voit Kizzy se relever, les genoux en sang, au milieu du cercle que forment les autres.

– Ne vous approchez pas, elle sent mauvais !

– Plus maintenant, l'amiral Cinglé lui a acheté des habits neufs.

– C'est pour ça qu'elle est si bêcheuse, et orgueilleuse, et fière.

– Elle est fière... Tralalère !

– Elle est chouette... Elle est bête !

– Où sont tes pinces à linge, bohémienne ?

– Oh ! Nous ne vendons plus de pinces à linge aujourd'hui. Nous sommes bien trop importante...

– On roule en Rolls Royce aujourd'hui...

– Laissez-moi rentrer chez moi, dit Kizzy, lèvres serrées.

– Mais vas-y, personne ne t'empêche.

Kizzy n'a pas remarqué que l'une d'entre elles lui noue

habilement une corde à sauter autour des chevilles, avec un nœud coulant. Comme Kizzy se retourne pour s'enfuir, elles tirent fort et Kizzy tombe de nouveau sur le chemin. Et, lorsqu'elle est par terre, « les autres deviennent une meute de petits chiens enragés », racontera plus tard Miss Brooke à l'amiral.

– Allez, vas-y, rentre chez toi maintenant. Précipite-toi, rétameuse, cours !

Elles la relèvent en tirant sur ses bras.

– Précipite-toi ! On va t'aider.

Un arbre se détache sur le chemin ; c'est un gros orme. Tenant Kizzy par les bras, deux grandes la « précipitent » contre l'arbre, « tel un minuscule bélier », dit plus tard Miss Brooke.

Il y a une barrière dans la haie. Miss Brooke l'atteint en courant au moment où, pour la troisième fois, la tête de Kizzy heurte l'arbre. Miss Brooke ne perd pas de temps à ouvrir la barrière : vite, elle saute par-dessus et atterrit sur le chemin avec un petit bruit sourd ; les filles sont trop occupées pour l'entendre. Elle s'insère dans le groupe, les séparant au passage. Sans dire un mot, elle donne à chacune de celles qui tiennent Kizzy une claque sonore du plat de la main. Elles lâchent Kizzy, qui s'effondre et reste à terre, immobile. Celles qui ont reçu une gifle secouent la tête comme au sortir d'un rêve, les autres, stupéfaites, restent figées.

En silence, elles regardent Miss Brooke s'agenouiller et retourner doucement Kizzy. Ses yeux sont clos et sa tête roule mollement. Elles en ont toutes le souffle coupé.

– Elles lui ont rompu le cou ! murmure Miss Brooke.

Elle retire le capuchon pour examiner la tête de Kizzy ; il

y a du sang sur les cheveux bouclés et une marque pourpre commence à enfler au front. Quand Miss Brooke soulève les paupières de Kizzy, toutes voient le blanc des yeux. Deux filles se mettent à sangloter.

– Elle est... morte ? murmure Mary Jo, stupéfaite.

Miss Brooke se relève.

– Je crois qu'elle n'est qu'assommée, dit-elle, mais vous auriez pu la tuer.

Elle les passe en revue et les compte :

– Mary Jo. Jennifer. Sally et Susan White. Diana. Anne, Carol et Dawn. Judy. Mary Elizabeth. Elizabeth Oliver : pourtant tu es la sœur de Clem, et Clem est l'ami de Kizzy ! Pauline. Louise. Prudence Cuthbert. Quatorze contre une ! Lâches que vous êtes ! Petites brutes, lâches !

Une voiture descend le chemin, une voiture qui vient de l'école. Les filles retiennent leur souffle : c'est Mr Fraser, le directeur.

CHAPITRE CINQ

Quatorze paires d'yeux regardent la voiture de Mr Fraser emporter Kizzy et Miss Brooke. Ce soir-là, chacune des quatorze filles sent son cœur battre chaque fois que le téléphone sonne ou que l'on frappe à la porte. Elles ont toutes vu la voiture du docteur Harwell gagner la petite maison de Miss Brooke ; l'amiral est arrivé peu après.

« Alors, elle est très malade ? Elle va mourir ? » se disent les petites filles entre elles.

Elles vont furtivement les unes chez les autres, se rassemblent en groupes et attendent.

– C'est la faute de Prue et Mary Jo, chuchote Susan, qui est vraiment lâche. C'est la faute de Jennifer et Anne. Quand maman l'apprendra, je lui dirai que c'est leur faute...

– C'est notre faute à toutes, dit Mary Jo, qui est plus honnête.

Et les questions anxieuses continuent :

– Qu'est-ce qu'ils vont nous faire ?

– Que va faire Miss Brooke ?

– Et Mr Fraser ?

– Et l'amiral Twiss ?
– On ne peut pas aller à l'école demain, si ?
– Mais nous y sommes bien obligées.
– Je ne me sens pas bien, dit Susan. Qu'est-ce qu'ils vont nous faire ?
Les filles commencent à croire qu'on ne leur fera rien, ce qui les rend plus nerveuses encore.
– Attendez que ma maman et mon papa soient au courant ! dit Sally.
Mais, apparemment, il y a un miracle. Personne au village ne semble au courant.
– Vous vous rappelez la fois où de l'argent avait disparu ? dit Prue. Mr Fraser avait convoqué les parents.
N'allait-il pas les convoquer cette fois-ci ? Il semble pourtant que non ; pères et mères vaquent à leurs occupations habituelles.
– Ainsi, Kizzy est malade ? demande Mrs Cuthbert.
– Je la garde au lit un jour ou deux, dit calmement Miss Brooke.
– Alors, Miss Brooke n'a rien raconté ?
Chose étrange. Ce silence met Susan encore plus mal à l'aise. Prudence elle-même se sent gênée. Bien sûr, on parle au village.
– Qu'est-il donc arrivé à la petite Lovell ?
– Elle est tombée d'un arbre.
– Non, c'est un arbre qui lui est tombé dessus.
– On l'a passée aux rayons X.
Lorsque Kizzy ouvre les yeux pour se retrouver au lit, une fois de plus, deux larmes s'échappent de ses paupières ; juste deux.
– Pleure, Kiz, dit Miss Brooke. Cela te fera du bien.

– Je ne veux pas pleurer pour... elles, hoquette Kizzy.

– Elle a une petite tête dure... dit le docteur Harwell. Heureusement pour elle, et pour les autres aussi ! Elle s'en tirera. Quelles brutes ! J'aimerais leur donner une bonne raclée à toutes.

– Moi aussi, dit Miss Brooke. Cela leur ferait du bien mais n'aiderait pas Kizzy.

– Mais ce sont de très gentilles petites, dit Mr Fraser, stupéfait. La plupart sont très, très gentilles.

– Oui, tant qu'elles ne sont pas rassemblées en bande, dit Miss Brooke.

– C'est vrai ! soupire Mr Fraser. Mais comment régler cette affaire ?

– Je crois qu'elle l'est déjà, répond Miss Brooke. Pendant quelques instants, elles ont cru qu'elles avaient tué Kizzy. Elles ne l'oublieront pas. Kizzy non plus n'est pas complètement innocente. Elle a frappé, mordu, égratigné et craché. De plus...

– De plus ?

– C'est une guerre d'enfants. Laissons les enfants la régler eux-mêmes.

– Mais... si cela se reproduit ?

– Cela ne se reproduira pas, dit Miss Brooke.

Elizabeth Oliver, la sœur de Clem, a mis celui-ci au courant, et il est venu sans tarder à la petite maison.

– Cela ne se reproduira pas, les garçons sont au courant.

– Ah !... dit Mr Fraser.

– Pourquoi ne choisissez-vous pas quelqu'un de la même taille que vous ? dit Clem. Vous êtes lâches !

Depuis leur coin, dans la cour, les garçons crient :

– Chipies ! Peureuses ! Quatorze contre une ! Vous n'avez pas honte !

– Bisque, bisque rage... Mange du cirage..., chantent les garçons.

La place vide de Kizzy est comme un point douloureux dans la classe.

– J'aimerais bien que Mr Fraser nous convoque et nous fasse la leçon. Tout le monde serait quitte, dit Mary Jo, exprimant à haute voix ce qu'elles pensent toutes.

– Je m'en moque ! dit Prudence fièrement. Je suis bien contente. Je me fiche de Kizzy Lovell comme d'une guigne.

– Tu changeras bien vite d'avis, dit Clem, si je te trouve encore après elle.

Prue se met alors à écrire sur le mur : Clem Oliver aime Kizzy Lovell. Clem l'efface aussitôt, l'air plein d'un inexprimable mépris.

– Bats-la ! dit l'un des garçons.

– Je ne bats pas les filles, répond Clem, mais je sais leur tordre le bras.

Il ne tord qu'à peine celui de Prue et la relâche.

– Tu sais ce qui t'attend, maintenant...

Prudence se hérisse comme une petite chatte furieuse, mais Clem s'éloigne simplement.

« Je ne retournerai pas à l'école », pense Kizzy. Si elle avoue cela un jour à quelqu'un, ce sera à Clem : mais elle sait garder un secret.

« Je ne peux pas aller au verger, se dit-elle alors qu'elle est encore couchée. Ils ne peuvent pas me garder au château ; donc, une fois guérie, j'irai chercher Joe et, lui et moi, nous partirons. »

Elle rassemble des provisions qu'elle met dans une musette. Elle a gardé jusqu'au moindre centime de l'argent de poche que lui a donné Miss Brooke, « pour acheter des bonbons ou des babioles ». Mais Kizzy n'achète jamais rien.

– Tu n'aimes pas les bonbons ? lui demande Miss Brooke.

Kizzy aime bien ceux qu'elle a goûtés, mais, pour en acheter, elle aurait dû aller à la boutique du village.

Et là-bas ils posent des questions.

Il y a une question qu'elle-même pose à Miss Brooke, dès qu'elle a moins mal à la tête :

– Je peux aller au château samedi ?

– Je suppose, oui, si tu restes tranquille.

– Je suis toujours tranquille avec Joe.

– Le docteur Harwell pense que tu peux retourner à l'école lundi.

A la surprise de Miss Brooke, Kizzy se contente de hocher la tête, comme si cela n'avait pas d'importance.

« Pourtant, cela doit la toucher. Ce doit être un supplice. Comment pourrait-elle être heureuse, cette petite fille insondable ? » se demande-t-elle en posant les yeux sur le visage de Kizzy, qui a l'air... serein.

C'est que Kizzy est loin, bien loin dans les collines, sur le dos de Joe. Ils voyageront de nuit, et camperont dans les bois et les vergers. Ils feront du feu ; Kizzy ramassera du bois et des bouses sèches. Ah ! mais non ! C'est vrai, à lui tout seul, Joe peut alimenter un feu. « Il me faudra une vieille casserole, pense Kizzy. Il y en a une vieille que

Miss Brooke utilise pour les poussins ; elle en a deux, je peux donc en emprunter une. » Elle se dit encore que, lorsqu'ils seront assez loin, elle construira une cabane de branchages, ou trouvera un arbre creux ; seulement, il lui faut d'abord être assez bien samedi pour pouvoir aller au château d'Amberhurst.

Elle y passera la journée et fera des provisions : elle se gavera pour que cela dure. Après le déjeuner, pendant que l'amiral et Peters somnoleront et que Nat ira au pavillon lire les journaux du jour, elle dira au revoir à Kezia Cunningham.

Puis elle chargera Joe et tous deux partiront.

Soudain rayonnante, elle adresse un sourire à Miss Brooke.

– Kizzy, dit Miss Brooke au petit déjeuner, l'amiral a téléphoné hier soir.

Sur le point de mettre à la bouche un morceau de pain grillé, Kizzy s'arrête.

– Il n'a pas dit que je ne pouvais pas venir, au moins ? Il faut que j'y aille, moi. Il me faut voir Joe.

Miss Brooke fait un petit bruit curieux, comme un hoquet, et pose sa tasse.

– Dès que tu seras prête, nous irons.

Kizzy est trop occupée par ses projets à elle : cacher la couverture, s'emplir les poches d'allumettes, sortir la musette « pleine de choses pour Joe », ce qui est vrai en partie : elle y a glissé deux pommes.

Miss Brooke fait un autre bruit curieux et, chose tout aussi curieuse, elle ne dépose pas Kizzy à la grille ; elle la conduit jusqu'au château, ce qui n'arrange pas les plans de Kizzy.

– Dis à l'amiral Twiss que je viendrai s'il veut, recommande Miss Brooke en laissant descendre Kizzy.

Pourquoi l'amiral voudrait-il lui parler ? Il ne veut personne au château ni le samedi ni le dimanche, pas plus que Peters, Nat ou Kizzy, d'ailleurs. Et pourquoi Miss Brooke a-t-elle cet air grave ? Pourquoi donc ? Un instant, Kizzy hésite. Mais tant pis ! Si Miss Brooke a des ennuis, Kizzy la plaint ; mais c'est samedi, et demain...

La couverture sur l'épaule, la musette lui battant les jambes, Kizzy s'éloigne en direction des écuries et s'arrête.

D'ordinaire, elle court droit au pré et ne voit jamais l'amiral avant le déjeuner. Mais, ce matin, l'amiral attend dans la cour de l'écurie.

« Il m'attend... », se dit Kizzy, et son cœur se serre.

Il ne l'appelle pas mais il l'attend ; quand elle est près de lui, elle remarque sur son visage le même air grave et désolé qu'elle vient de voir chez Miss Brooke. L'amiral semble même très triste.

Alors Kizzy a peur. Bien plus que lorsque Mr Blount est venu la prendre pour la conduire à l'école, bien plus que lorsque Peters est venu la chercher à la mort de grand-mère...

Elle lève sur l'amiral des yeux agrandis de terreur.

– Kiz, dit l'amiral, c'est Joe.

– Joe ? demande-t-elle dans un sanglot.

L'amiral Twiss ne se dérobe jamais : il parle clairement.

– Joe est mort hier soir, Kiz. Il est mort.

« Mort. » Le sol semble vaciller sous les pieds de Kizzy, la coupole des écuries s'élancer vers le ciel. Kizzy laisse tomber la couverture et la musette. L'amiral Twiss remet l'enfant d'aplomb et la mène à l'ancien montoir.

– Nat est allé lui donner son foin à sept heures et a trouvé Joe la tête pendante, assoupi. Il lui a donné une petite tape et tendu du sucre, mais Joe ne l'a même pas regardé. Il est ensuite tombé à genoux. Alors Nat est vite allé lui chercher de la bière.

– Joe... aimait... la bière.

Les mots semblent être arrachés à Kizzy.

– Mais il ne voulait toujours pas regarder Nat. Puis il a roulé sur l'herbe, et il est mort.

– Il... était... malade ?

– Non, dit l'amiral, mais il était vieux et fatigué. Nat dit que les dents de Joe étaient usées ; c'est pour cette raison qu'on ne pouvait le faire grossir. Mais Joe est mort à son heure, Kiz, et cela n'arrive pas à beaucoup de chevaux. Il est mort dans l'herbe de son pré à lui, là où il avait vécu.

– Montrez-le-moi, dit Kizzy.

– Montrer pareil spectacle à une enfant ! dit Mrs Cuthbert, indignée, quand elle est mise au courant. On peut compter sur un homme pour faire ce genre de choses !

– On peut faire confiance à l'amiral, vous savez, dit Miss Brooke. Il savait que, sinon, Kizzy ne l'aurait pas cru.

– Mais la laisser voir pareil spectacle !

Joe n'est pas choquant à regarder.

Lorsque l'amiral mène Kizzy près de Joe, celui-ci repose paisiblement dans l'herbe. Kizzy tient serrée la main de l'amiral.

Nat sort des écuries et prend l'autre main de Kizzy ; tous trois regardent le grand corps immobile, la tête de Joe avec l'étoile blanche sur le nez, les cils (Nat lui a fermé les yeux), les longues pattes, les sabots puissants et gris, fendus parce que Joe n'avait plus de fers depuis longtemps. Sa robe baie luit encore, car Nat l'a souvent bouchonnée. Joe semble dormir, mais d'un sommeil très, très profond. Kizzy s'approche.

– Fais attention, dit Nat. Il devient froid.

– Est-ce que... l'équarrisseur et les chiens vont le prendre, maintenant ?

– Ce n'est pas possible, dit l'amiral.

– Pas possible ? demande Kizzy en relevant la tête.

– Joe est en sûreté, dit l'amiral, parce que ce n'est pas Joe, ça. Il n'est pas ici.

Kizzy se détache de l'amiral et approche la main du nez de Joe, sans le toucher.

– Il ne respire pas, fait-elle.

– Bien sûr, puisqu'il n'est pas là.

Kizzy regarde l'amiral, comme pour bien peser ses paroles, et approche de nouveau la main du corps de Joe.

– Il n'est plus chaud comme avant.

– Non, bien sûr.

L'amiral s'avance et caresse doucement le corps de Joe.

– Ce ne sont que ses vieux habits, Kiz. Il n'en a plus besoin.

– Où est-il ?

L'amiral répond simplement :

– Nous ne savons pas. Personne ne le sait. Mais je crois que nous trouverons un jour.

– Quand nous serons morts ?

– Peut-être. Cela paraît logique, non ? dit l'amiral. Si Joe n'est pas ici, il doit être ailleurs. Allez, viens, laissons Nat s'occuper de son corps.

– J'irai au château ce matin ? demande Kizzy à Miss Brooke, le dimanche suivant.

– Bien sûr. L'amiral Twiss et Peters sont là-bas, avec Nat, et il y a d'autres chevaux.

Presque comme un automate, Kizzy est allée voir Nat aux écuries, où il s'occupe de Flavius, un jeune cheval dont la patte est enflée.

– Il te faut accepter. Joe était un cheval et, que cela te plaise ou non, tu ne garderas pas les mêmes chevaux toute ta vie. Ils arrivent, ils repartent ; quand on s'occupe de chevaux, on doit apprendre cela. Quand Royal est parti à Beechers, j'ai cru que mon cœur allait se briser ; oui, franchement.

– Beechers ?

– C’est le saut du Grand Prix national, ignorante ! Quel saut ! On dirait qu’on tombe de six mètres. Il faut franchir la rivière. Royal est tombé ; on a dû le retirer avec des cordes, mais il avait l’échine rompue. Je me souviens encore de Taggart, que j’ai élevé moi-même. Il y avait Bonbon aussi ; il mettait toujours le nez dans ma poche pour chercher du sucre ; je t’assure qu’il le prenait vite s’il y en avait ! Il était trop gâté. Il aimait aussi les bonbons fourrés à la menthe. Mais il est peu à peu devenu aveugle. Alors on a dû l’endormir... Il faut savoir accepter tout cela.

L’amiral voit les choses de la même façon :

– Moi, j’ai perdu Oiseau de Pluie. Quant à ma grand-mère Kezia, elle a perdu une jument arabe blanche qui s’appelait Vif Argent, et qui montait les marches du perron pour demander du sucre.

– Qu'est-il arrivé à Vif Argent ?

– Elle s'est cassé une patte à la chasse.

– Et alors ?

– Il a fallu l'abattre.

L'amiral répond brusquement, comme si, maintenant encore, cette pensée lui était pénible.

– Il te faut accepter. Allez, viens m'aider à m'occuper de Reine des Prés.

Nat tire la queue du jeune cheval, pour lui donner une jolie forme, et laisse Kizzy essayer.

Ensuite, Kizzy ramène Reine des Prés à l'enclos.

– C'est la seule chose à faire : l'intéresser à un autre cheval, dit Nat à l'amiral.

– Oui, bien sûr.

– Kezia, votre grand-mère, a-t-elle eu un autre cheval après Vif Argent ? demande Kizzy à l'amiral.

– Oh ! oui ! Vif Argent a été le premier d'une très, très longue lignée de chevaux de chasse. Quand un cheval meurt, il faut savoir s'intéresser à un autre.

Tous semblent oublier que Kizzy n'en a pas d'autre...

– Tu verras, je crois qu'elles ne t'ennuieront plus, dit Miss Brooke le lundi en déposant Kizzy à l'école. J'en suis même sûre.

Miss Brooke n'imagine pas à quel point elle a raison.

Tout le monde regarde la marque au front de Kizzy. C'est comme un reproche visible, mais personne n'en parle ; et personne ne parle non plus à Kizzy, à part Mrs Blount et Mr Fraser, dans la cour, à la récréation. Le directeur a tenu à venir voir Kizzy, et il la trouve assise seule, sur les marches, avec un livre.

– Ça va maintenant, Kizzy ?

– Oui, monsieur.

Mais, en réalité, cela ne va pas du tout. On dirait qu'un cercle magique invisible entoure Kizzy. A la sortie de l'école, deux garçons plus petits que Clem, Stephen et Tommy, attendent la fillette à la grille, pour l'escorter, l'un à sa droite, l'autre à sa gauche.

– Ce n'est pas la peine ! proteste Kizzy.

– Clem nous a dit de le faire, répondent-ils.

Et, le lendemain, ce sont Robert et George. Les filles regardent, mais aucune d'elles n'ose ricaner.

– C'est Mr Fraser qui a dû donner cet ordre aux garçons, se disent-elles entre elles.

Elles sentent plus que jamais un nuage au-dessus de leur tête et évitent soigneusement Kizzy, tout comme Kizzy les évite. A la récréation, Kizzy reste assise sur sa marche, avec le livre le plus gros qu'elle peut trouver : l'Encyclopédie britannique !

Une fois, Mary Jo, qui joue à la marelle, lui propose :

– Viens sauter, Kizzy !

Mais Elizabeth Oliver chuchote aussitôt :

– Idiote, elle ne sait pas jouer !

Kizzy pose son livre et marche vers l'emplacement dessiné à la craie.

Elle foudroie Elizabeth du regard, lance son caillou, saute avec précision de case en case et revient à « Terre » sans aucune faute – ses jambes sont bien plus robustes que celles des autres petites filles. Puis elle retourne s'asseoir et se replonge dans son livre.

Même au repas, il semble y avoir autour de Kizzy un cercle de silence. Ce n'est pas qu'elle soit en quarantaine :

non, tout simplement, on n'est pas à l'aise à côté d'elle. Ni elle ni les autres enfants ne peuvent faire le premier pas, sauf Clem. Il vient souvent au château pendant le week-end. Il vient aussi parfois prendre le thé chez Miss Brooke.

Pourtant, elle se sent seule.

Bizarre : quand elle était isolée dans le verger avec grand-mère, elle ne s'était jamais sentie seule ; maintenant, au milieu des garçons et des filles, elle éprouve un sentiment aigu de solitude.

Elle va seule à l'école et en revient seule aussi ; sûr qu'elle n'a plus rien à craindre de la bande de Prue, Clem a relevé les garçons de leur mission.

Et il n'y a pas qu'à l'école qu'il en est ainsi : par les chaudes journées d'été, Miss Brooke trouve Kizzy debout devant la fenêtre ouverte, le regard fixe. Une fois, elle met son bras autour des épaules de Kizzy et lui dit doucement :

– Je voudrais pouvoir t'aider, Kiz.

Kizzy s'appuie contre elle et frotte ses cheveux bouclés contre son épaule.

– Elle n'aurait jamais agi ainsi il y a quelques semaines, dit Miss Brooke à l'amiral.

– Vous m'aidez déjà, lui dit Kizzy, mais sa petite voix est si lasse que Miss Brooke sait bien que ce n'est pas vrai.

– Il faut faire quelque chose pour la guérir.

– Vous n'envisageriez pas de laisser Kizzy inviter ses camarades de classe à prendre le thé au château, un samedi ?

– Ces filles ? s'écrie l'amiral, révolté.

– Justement celles-là. Je les inviterais volontiers à la maison, mais ce ne serait pas comme si elles venaient au château voir vos maquettes et les chevaux. Cela donnerait de l'importance à Kizzy.

– Mais inviter des filles ! Et ces filles-là ! Au château ! s'exclame l'amiral, stupéfait.

– C'est une idée magnifique ! dit Mr Fraser dès qu'il est au courant. Rien ne saurait aider Kizzy davantage.

– Si c'est vraiment ce que vous croyez...

On peut convaincre l'amiral Twiss, mais pas les gnomes, Peters et Nat. Kizzy non plus.

– Préparer le thé pour ces brutes ? Jamais de la vie ! s'indigne Peters.

– Ce ne sont que des petites filles, insiste Miss Brooke.

– Des petites filles ? Des petits monstres, oui ! Quatorze contre une !

– Laisser une bande d'enfants approcher mes poulains ? Non, amiral ! ajoute Nat.

Quand on soumet cette idée à Kizzy, elle propose :

– Je pourrais inviter les garçons.

– Mais ce ne sont pas les garçons, ce sont les filles qui ont besoin de... commence Miss Brooke.

– Je devrais inviter Prue ?

Les narines de Kizzy palpitent comme celles d'un petit cheval de bataille ou d'un petit dragon.

– Si l'amiral laisse les filles venir au château, je n'y retournerai plus jamais !

– Kizzy, ne comprends-tu pas que c'est à toi de faire le premier geste ? C'est toi qui as été blessée.

– Je préfère rester blessée, dit Kizzy.

Miss Brooke abandonne son idée, et la solitude continue ; elle fait comme une coque dure autour de Kizzy, et personne ne peut la briser.

Les grandes vacances arrivent, il fait un temps splendide.

– Qu'allez-vous faire, vous et Kizzy ? demande alors Mrs Cuthbert à Miss Brooke.

– Oh ! des pique-niques et du jardinage.

– Ici ?

– Sinon, où ?

– Vous devriez partir.

– Je ne crois pas que Kizzy y soit vraiment prête.

Miss Brooke n'explique pas qu'elle a fait tant de dépenses supplémentaires pour Kizzy qu'elle ne peut se permettre de partir.

– Ecoutez, Olivia, vous partez seule, et nous emmènerons Kizzy avec nous à la mer, dit Mrs Cuthbert.

– C'est très gentil à vous, Edna...

– Elle pourra dormir avec Prue...

– C'est gentil à vous, Edna, répète Miss Brooke, mais cela pourrait gâcher vos vacances. De plus, je crois que Kizzy refuserait.

– Au nom du Ciel ! Mais vous n'avez pas à le lui demander !

– Je crois que si. On devrait toujours demander aux gens leur avis avant de décider pour eux.

– Une enfant !

– Les enfants sont des personnes, Edna, dit Miss Brooke comme elle l'avait déjà déclaré à Mrs Blount.

– Eh bien, faites comme bon vous semble. Mais je dois vous dire, Olivia, que cette enfant vous absorbe trop.

– N'est-ce pas pour cela qu'elle est venue chez moi ?
– Pour cela ? C'est-à-dire ?
– Pour m'absorber.

– Peters, dit l'amiral, un matin d'août, par une chaleur torride, je réfléchissais. On doit étouffer dans cette petite maison à toit de chaume où habite Miss Brooke.
– Sûrement, amiral.
Les pièces spacieuses du château sont fraîches, les pelouses accueillantes s'étendent jusqu'au parc, où les arbres offrent leur ombre profonde.
– Je réfléchissais : si j'invitais Kizzy et Miss Brooke à séjourner ici ? dit soudain l'amiral. Elles resteraient jusqu'à ce que cette période de chaleur se termine.
L'amiral met son panama et, en légère veste d'alpaga et pantalon clair, il se rend à pied à la petite maison, de l'autre côté du village. Pour la première fois, il voit Miss Brooke dans l'embarras.
– Ce serait merveilleux, mais...
– Mais quoi ?
– C'est vrai, il fait très chaud ici, dit Miss Brooke. Je vous serais très reconnaissante de garder Kizzy. Elle serait ravie, mais... il vaut mieux que je ne vienne pas.
– Je comprends, dit lentement l'amiral, c'est Mrs Cuthbert...
– Mrs Cuthbert et ses semblables, précise Miss Brooke.
– Des commérages ! fait l'amiral, agacé.
– Vous ne pouvez le leur reprocher.
– Kizzy ne peut venir prendre le thé chez nous, avaient dit Mrs Cuthbert, la mère de Mary Jo, celle de Sally et celle d'Elizabeth. Pourtant, elle peut toujours aller au

château. Le château, encore le château, toujours le château.

Un jour, Mrs Cuthbert avait même perdu patience.

– Olivia, je ne vous savais pas snob. Franchement, cela me fait bouillir. Alors, ma petite Prudence n'est pas assez bien pour une petite orgueilleuse de bohémienne !

– Soyez raisonnable, Edna, avait dit Miss Brooke, encore calme. Vous savez bien que ce n'est pas vrai, Kizzy n'est pas une petite orgueilleuse. Elle n'est pas à l'aise avec d'autres enfants, voilà tout. Et n'oubliez pas, Edna, qu'elle m'est arrivée du château, où ils ont été plus que gentils avec elle. Il est normal qu'elle les aime, l'amiral en particulier.

– C'est pourquoi il vient si souvent lui rendre visite chez vous ?

– En train de commérer à notre sujet, c'est cela ? demande maintenant l'amiral.

– Exactement.

Miss Brooke le regarde de ses yeux noisette si candides.

– Au village on pense que je suis amoureuse de vous. Vous ne voudriez pas encourager cela, si ?

L'école reprend en septembre ; et de nouveau, jour après jour, Kizzy est enfermée dans son cercle que personne ne brise. Puis, un après-midi, à son retour de l'école, Kizzy trouve Miss Brooke au jardin, en train de balayer les premières feuilles mortes.

– Ne pourrions-nous pas prendre le thé ici, Olivia ? supplie Kizzy.

– Vous la laissez vous appeler Olivia ? avait dit Mrs Cuthbert.

– Et comment devrait-elle m'appeler ? Miss Brooke a l'air bien guindé.

– Tatie Olivia.

– Je ne suis pas sa tante.

– Olivia, on ne pourrait pas prendre le thé ici ?

– Dans le carré de légumes ?

– Ça ne fait rien, les légumes. C'est le feu qui est important.

Le vent est frais. Les jours raccourcissent, Miss Brooke hésite.

– Je vous montrerai comment avoir chaud, dit Kizzy, pleine d'entrain.

Elle apporte un morceau de tôle ondulée qui vient du poulailler.

– On va le mettre ici, avec des briques pour le faire tenir.

D'autres briques, surmontées de la planche à repasser, servent de banc.

– Du temps de grand-mère, je m'asseyais sur une caisse, dit Kizzy. Dommage que nous n'ayons pas le porte-bouilloire dont nous nous servions !

– Qu'est-ce que c'est ?

– On l'enfonce dans le sol pour qu'il soit au-dessus du feu et on y accroche la bouilloire. Il est sans doute encore dans le verger. J'irai voir demain.

Pour cette fois, elles utilisent le réchaud de pique-nique de Miss Brooke. Elles font griller du jambon et des saucisses dans une vieille poêle, au-dessus du feu de camp.

Kizzy place des pommes sur une pierre pour les faire rôtir.

– Tout a meilleur goût, dehors, dit Kizzy – et Miss Brooke doit l'admettre.

Chuff sort pour leur tenir compagnie, et c'est là qu'il boit sa soucoupe de lait. A la nuit tombante, Kizzy va chercher deux sacs, un pour Miss Brooke et un pour elle.

– Pour mettre sur les épaules, dit-elle.

Elles restent assises ainsi sous le ciel étoilé, et les flammes dansent sur leur visage.

Kizzy se met à chanter pour Miss Brooke. Elle a une voix grave et mélodieuse, d'une surprenante douceur. Miss Brooke ne l'avait encore jamais entendue chanter.

– Je pourrai prendre le thé ici tous les jours ? demande Kizzy.

– Comme elle était heureuse ! raconte, un peu plus tard, Miss Brooke à l'amiral Twiss.

– Ah ! fait l'amiral.

– Mais vous aviez dit...

Kizzy s'arrête à la porte de la petite maison, toute rouge d'avoir couru. Déçue, elle s'étonne :

– Mais vous aviez dit qu'on prendrait le thé dehors près du feu ?

Si elle parle ainsi, c'est parce que Miss Brooke est au salon et qu'elle a rapproché la table à thé de l'âtre.

La scène se passe un mois après le premier thé pris au jardin. Durant toute la fin septembre et les premières semaines d'octobre, elles ont toujours pris leur thé dehors, « sauf lorsqu'il pleuvait à seaux », selon l'expression de Miss Brooke.

Kizzy avait retrouvé le porte-bouilloire qu'elle avait eu bien de la peine à traîner depuis le verger ; et, chaque soir, à son retour de l'école, Kizzy voyait de loin s'élever la fumée.

– Je trouve le thé vraiment meilleur dehors, annonce Miss Brooke.

– Olivia, dit Kizzy d'un ton solennel, je crois bien que je vous aime.

Une fois, Mrs Cuthbert faillit les surprendre. Elles l'entendirent frapper, mais Miss Brooke avait fermé la porte à clé, et Mrs Cuthbert ne put entrer sans prévenir, comme à son habitude. Pour pénétrer dans le jardin, il fallait forcément passer par la maison ou par le garage, qui était fermé lui aussi.

– Ça alors, Olivia, vous êtes tout échevelée ! Qu'avez-vous fait ?

– Nous avons pris le thé au jardin.

– Le thé au jardin ? Par ce froid et dans cette tourmente ?

– Nous n'avions pas froid.

Lorsque Miss Brooke revient, Kizzy déclare :

– Je vous aime vraiment, mais vous aviez dit que nous prendrions le thé au jardin, l'accuse-t-elle.

– Tu vas effectivement prendre le thé au jardin.

– Mais, et vous ?...

– Tu n'auras pas besoin de moi. Sors et tu verras.

Kizzy sort : le jardin n'est plus celui qu'elle a quitté ce matin-là, avec la petite terrasse dallée bordée de lavande, le carré d'herbe que Miss Brooke appelait sa « pelouse de poche » et qui descendait en pente douce jusqu'au carré de légumes. La terrasse, la lavande et la haie sont toujours là, mais le poulailler et les légumes ont disparu. « Comme par enchantement », aurait dit Kizzy si elle avait connu cette expression. Il semblait vraiment que de petits elfes avaient travaillé de toutes leurs forces.

– De drôles d'elfes ! aurait gloussé Nat. L'amiral, le vieux Peters et moi, nous avons travaillé comme des esclaves ! Nous avons tout apporté en pleine nuit, dans le van, et tout caché dans le garage, pour que les curieux ne voient rien. De toute façon, ceux qui ne dormaient pas étaient collés devant la télévision.

Mais, pour Kizzy, c'est de la magie.

Au bas de la petite pelouse, l'ancien carré de légumes est maintenant gazonné et planté d'arbres qui masquent la maison ; ce sont de tout petits pommiers, à peine plus hauts que Kizzy, mais ils portent des pommes rosées. Kizzy avance un doigt pour en toucher une. C'est une vraie pomme avec un vrai parfum. On ne peut pas planter des pommiers à la saison des fruits ; Miss Brooke a

donc très adroitement accroché aux arbres de petites pommes rouges avec du fil très fin, si bien que ces pommes semblent réellement pousser là.

Au travers des arbres, Kizzy aperçoit la lumière d'un feu, « et autre chose », murmure-t-elle. Sur la pointe des pieds, pleine d'émerveillement, elle passe entre les arbres qui forment un petit verger autour d'une clairière. Là, on a construit un feu.

Elle voit que ce n'est pas un feu de gadjé, mais un vrai feu pour faire la cuisine, installé dans un creux. Le feu est enjambé par un porte-bouilloire, non pas grand et lourd comme celui de grand-mère, mais à la taille de Kizzy. Une belle bouilloire miniature y est accrochée, d'où s'échappe un petit jet de vapeur. A ce spectacle, Kizzy est si émerveillée qu'elle sent ses jambes faiblir. Tout est deux fois plus petit : l'abri, le banc et la caisse. Et, installée près du feu, il y a une roulotte, une vraie roulotte, exactement comme celle de grand-mère.

« Mais la sienne avait l'air si pauvre » se dit Kizzy. Celle-là est toute neuve, peinte en bleu et vert ; l'avant est sculpté et doré, les roues cerclées de fer. Le battant du bas de la porte est fermé, celui du haut ouvert. On y accède par une volée de marches. Tout est juste à la taille de Kizzy : c'est une roulotte d'enfant dans laquelle aucun adulte ne réussirait à entrer. Même Miss Brooke, qui n'est pas très grande, devra se courber pour entrer.

Les fenêtres ont des rideaux de mousseline amidonnée et des jardinières avec de la terre.

– Il y a des oignons de fleurs, de tout petits oignons, dit Miss Brooke, qui a suivi Kizzy dans le jardin. Au printemps, il en sortira des narcisses et des tulipes minuscules.

Une corde à linge est tendue entre deux pommiers, « comme du temps de grand-mère », songe Kizzy. Un pantalon de Kizzy, des chaussettes et un petit tablier y sont accrochés avec des pinces à linge de poupée.

Les brancards de la roulotte touchent l'herbe ; seule manque la botte de foin que grand-mère gardait accrochée sous la roulotte pour Joe.

A l'intérieur, une lumière brille ; Kizzy gravit les marches. Oh ! il y a une lampe avec un abat-jour rose comme celui de grand-mère ; seulement, cette lampe-ci mesure une vingtaine de centimètres. Il y a deux couchettes, « comme pour grand-mère et moi », avec des oreillers, des couvertures et des édredons en patchwork.

– Est-ce que... Est-ce que je peux dormir ici ? demande Kizzy.

– Quand il fera plus chaud, répond Miss Brooke.

Il y a une table et une chaise à la taille de Kizzy (grand-mère en avait une), un bout de tapis, un miroir grand comme une carte postale et, sur une étagère, un service miniature de porcelaine blanche avec des roses roses.

– Il appartenait à la grand-mère de l'amiral, dit Miss Brooke.

– Kezia !... chuchote Kizzy.

Une petite casserole et la poêle assortie pendent côte à côte.

– Et je peux faire des crêpes ! dit Kizzy tout haut. Tout, tout est là ! chuchote-t-elle.

La roulotte, à la lueur du feu, projette son ombre sur l'herbe, une ombre à la taille d'une enfant. La lumière de la lampe brille par les fenêtres dans le crépuscule. Kizzy pousse un long soupir, un soupir de bonheur.

– C'est à moi...

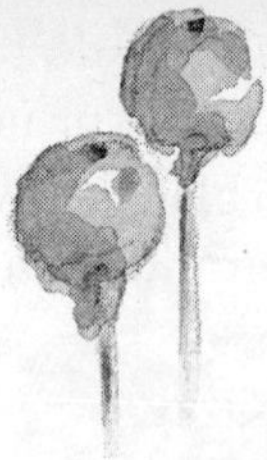

Chapitre six

La cour vient d'entendre une affaire de dommages causés par deux jeunes voyous à l'école du village.

– Puisque nous nous trouvons de nouveau rassemblés, dit le président, dites-moi, la petite nomade, Kizzy Lovell, est-elle heureuse ? Va-t-elle bien ? Miss Brooke ? Mr Blount ?

– Voulez-vous que je sorte pendant que vous parlez d'elle ? demande Miss Brooke

– Il n'y a pas à en parler, dit Mr Blount. Kizzy va bien et grossit. Elle semble maintenant s'adapter sans difficulté, bien qu'elle reste à l'écart des autres. Cela vient peut-être d'un épisode malheureux à la sortie de l'école...

– Quel épisode ? demande Mrs Cuthbert, tout de suite en alerte.

Elle est ici en tant que représentante du Comité de l'école.

– Il semble que certains enfants s'en soient pris à elle ; les filles...

– En tout cas, ma petite Prudence n'était sûrement pas parmi elles... Et puis-je demander pourquoi nous n'avons pas été mis au courant ?

– Mr Fraser pensait qu'il valait mieux laisser les enfants régler ce problème seuls ; et c'est ce qu'ils ont fait, intervient Mr Blount.

Et, pour empêcher Mrs Cuthbert de reprendre la parole, Mr Blount s'empresse de poursuivre :

– Kizzy sait lire maintenant. Miss Brooke lui a donné des leçons. Kizzy est maintenant extrêmement bien élevée. Monsieur le président, je crois que Miss Brooke mérite des félicitations. Tout aurait pu être fort difficile.

– Tous les problèmes ne sont pas encore résolus, dit Miss Brooke.

Effectivement, Mrs Cuthbert vient lui parler un peu plus tard.

– Je n'ai pas voulu aborder ce sujet devant la cour, pour ne pas vous offenser. Mais je crois que vous ne réussissez pas tellement bien avec cette enfant. Si une nouvelle occasion se présente, je me sentirai forcée de parler.

– Est-ce une menace ? demande Miss Brooke en souriant.

– Olivia Brooke ! Comme si, moi, j'allais vous menacer ! Non, mais, simplement, cette petite fille est trop repliée sur elle-même.

– Je suis tout à fait d'accord.

– Alors pourquoi la laissez-vous ainsi ? La vérité, Olivia, c'est que vous êtes devenue possessive. C'est ce que je voulais dire lorsque j'ai suggéré qu'une femme seule ne devrait pas prendre un enfant en charge. Oui, possessive.

– Et qu'est-ce que je fais de mal ? demande Miss Brooke.

– Vous l'écartez de tout le monde, sauf bien sûr des

gens du château. Que l'une d'entre nous l'invite, et vous ne la laissez pas venir ; vous ne la laissez jamais inviter d'autres enfants.

Les lèvres de Miss Brooke se crispent. Elle a demandé à Kizzy, voici quelques jours, si elle n'aimerait pas inviter des petites camarades à venir voir le verger et la roulotte.

– Ce serait horrible ! a répondu Kizzy.

– Une ou deux fois seulement, a dit Miss Brooke d'un ton câlin.

– Non !

– Elles seraient enchantées...

– Non !

– Pense que tu leur montrerais les porcelaines de Kezia...

– Non !

– Et cela a été encore pire lorsque je lui ai suggéré d'inviter les petites filles au château, racontera plus tard Miss Brooke à l'amiral. Pourtant, je sens qu'il me faut poursuivre dans cette direction.

– Non, laissez-la faire, dit l'amiral.

Clem a eu la permission de venir.

– A condition que tu ne le racontes pas, dit Kizzy. Promets que tu ne raconteras rien, pas même à Elizabeth. Surtout pas à Elizabeth.

– Je promets, répond Clem.

Personne, absolument personne, ne doit être au courant.

– Mais il se passe des choses bizarres, dit Mrs Cuthbert.

Dès que Kizzy rentre de l'école, elle allume le feu avec Miss Brooke, en lui expliquant les différentes façons qu'ont les bohémiens de faire du feu.

– On le fait démarrer avec des bouts de papier déchiré, des brindilles ou des feuilles sèches ; on y met une allumette (grand-mère utilisait un briquet) ; puis on construit une sorte de petite cheminée avec des brindilles très, très fines. Le feu est aspiré ; ensuite, on met des branches, le pommier et le saule brûlent vite. Le châtaignier ne vaut rien, il éclate. Monsieur l'amiral donnait parfois à grand-mère des bûches d'orme. C'est l'orme le meilleur.

Parfois Kizzy fait frire elle-même du jambon et des saucisses et rôtir des pommes de terre et des pommes. Après avoir pris le thé, Kizzy s'assied sur sa caisse. Lorsqu'il pleut, elle entre dans la roulotte et allume la petite lampe. Miss Brooke l'entend chanter des chansons douces. Ou bien elle lit, ou elle enfile des perles. Comme tous les nomades, Kizzy adore les bijoux et les couleurs vives. Miss Brooke lui a donné une boîte de vieilles perles et Kizzy passe des heures à confectionner des colliers et des bracelets. « Elle irait à l'école avec six colliers, si je la laissais faire ! » disait Miss Brooke.

– Kizzy, il est l'heure de rentrer ! appelle Miss Brooke de sa fenêtre.

Mais, parfois, elle trouve la fillette endormie sur la caisse, ou sur la couchette de la roulotte. Miss Brooke est menue, mais elle a de la force : elle prend Kizzy dans ses bras, la porte dans la maison et la met directement au lit.

Un jour, Mrs Cuthbert la surprend.

– Olivia ! Vous êtes trop petite pour porter cette grande enfant au lit !

– Elle ne pèse pas lourd. Ne la réveillez pas, dit Miss Brooke.

– Mais au lit sans se laver !

– Elle prendra un bain demain matin.
– Au lit tout habillée !
– Elle mettra des vêtements propres demain.

Les vêtements sentent souvent le feu de bois, mais c'est l'odeur habituelle de Kizzy.

– Qu'a-t-elle donc fait ? demande Mrs Cuthbert.
– Elle s'est amusée.
– Si tard ! Et vous la laissez ?
– Oui.
– Comme je l'ai déjà dit, vous élevez cette enfant de bien étrange façon.
– Est-ce vraiment trop étrange ? demande plus tard Miss Brooke à l'amiral.
– C'est un bon remède pour une blessure. Et Kizzy a été blessée bien souvent.

C'est aujourd'hui le 5 novembre, jour des feux de joie. Un énorme feu brûle dans le pré communal.

– Il est presque aussi haut qu'une maison ! s'exclame Clem.

Depuis des semaines, les grands, garçons et filles, promènent dans le village leurs marionnettes à l'effigie de Guy Fawkes*, dans de vieux landaus ou dans des charrettes en bois. Ils sont allés jusqu'à Rye, se faisant donner partout de l'argent pour leur feu d'artifice.

– Un sou pour Guy Fawkes... Deux sous... Cinq sous...

Maintenant, tous les enfants sont surexcités, tous sauf Kizzy.

---

* Guy Fawkes fut le chef de la Conspiration des Poudres à Londres en 1605. Il avait projeté de faire sauter le Parlement. Son entreprise échoua. Pour commémorer l'événement, chaque année, le 5 novembre, les petits Anglais portent en procession une effigie burlesque de Guy Fawkes et la brûlent dans un feu de joie.

– Tu viens, Kiz ? demande Clem.

– Non.

– Il y aura des feux d'artifice, insiste Clem. Pas seulement le nôtre, mais aussi un énorme feu d'artifice : des fusées, des roues à feu qui tournent en lançant des éclairs, des bombes qu'on pose par terre et qui deviennent des fontaines de gouttes d'or. Il y aura aussi des pétards ; on les appelle des poursuiveurs, parce qu'ils courent derrière toi. Et puis, j'ai acheté un plein paquet de pétards exprès pour toi : tu en tiens un à la main et psshhht ! il part en étincelles. Ce n'est pas dangereux. Et puis il y aura des stands avec des sandwiches, des pommes d'amour et de la barbe à papa. Et puis on fera rôtir des pommes de terre.

– Non.

– Pourquoi, Kiz ?

– Ils brûlent le bonhomme, je n'aime pas ça.

– Ne sois pas bête. Il n'est pas vivant. C'est juste pour rire !

– Pour rire ! Vous tous contre lui seul ! s'exclame Kizzy avec amertume.

– Allez, viens ! dit Clem. De toute façon, c'est un prêté pour un rendu. Guy Fawkes, lui, a essayé de faire sauter les Chambres du Parlement.

« Un prêté pour un rendu. » Kizzy aime bien entendre ces mots.

– Un de ces jours, je ferai sauter toute l'école, annonce-t-elle.

– Alors, tu seras une belle dégoûtante, dit Clem, parce que des tas de gens ont été gentils pour toi : les garçons, Mr Fraser, Mrs Blount surtout, pas vrai ?

Kizzy ne répond pas ; et, pour la première fois, Clem

perd patience. Il lui prend le bras et lui tord derrière le dos, sans douceur.

– Pas vrai ? répète-t-il.

– Si, dit Kizzy bien malgré elle.

– Mr Fraser n'a pas été gentil ?

– Si.

– Et les garçons ? Et moi ?

– Si.

– Alors, pourquoi ?

– A cause d'elles, répond très vite Kizzy.

– Ecoute, Kiz, dit Clem, il faut t'en accommoder.

– Non.

– Tu ne peux pas continuer comme cela longtemps.

– Si.

– Non, dit Clem. Tu verras que c'est impossible.

Miss Brooke avait eu l'idée d'amadouer Kizzy pour l'emmener au feu de joie avec elle ; mais, lorsque Kizzy rentre, elle trouve Miss Brooke malade et poussant de petits gémissements involontaires. Autour des yeux, la peau a perdu sa couleur et Kizzy, alarmée, s'écrie :

– Mais vous êtes toute jaune !

– Ce n'est qu'une de mes méchantes migraines, réussit à articuler Miss Brooke. Cela ira mieux si je me couche.

Kizzy l'aide à gagner sa chambre ; elle tire l'édredon et couvre Miss Brooke de couvertures. Elle prépare une tasse de thé, la monte avec précaution et porte à Miss Brooke les cachets qu'elle aurait dû prendre plus tôt.

– Je voulais seulement que tu voies le feu de joie.

– Je préfère mon feu à moi, dit Kizzy en tirant les rideaux. Essayez de dormir un peu.

– Ton thé...

– Je le préparerai moi-même et je donnerai à manger à Chuff.

– Tu devrais aller voir le feu d'artifice...

– Peu importe ! L'essentiel, c'est qu'il ne vous donne pas mal à la tête. Ce ne sont que des pétards, dit Kizzy.

Et bientôt Miss Brooke, qui est restée debout presque toute la soirée malgré sa migraine, s'endort profondément.

« Ce ne sont que des pétards », avait dit Kizzy. Mais, assise sur sa caisse, l'enfant se sent étrangement seule et abandonnée. Peut-être est-ce parce que Miss Brooke n'est pas avec elle ? Peut-être est-ce à cause des voix joyeuses qui viennent du pré communal, de l'autre côté de la petite maison, à cause des rires, des cris et des bruits de pas précipités ?

– Etincelles, pétards, poursuiveurs, gouttes d'or...

Kizzy chuchote ces mots magiques à Chuff, et elle croit sentir dans l'air un mélange du piquant de la poudre et de l'odeur chaude des sandwiches. Elle a presque envie d'aller à la grille pour regarder. Il commence à faire sombre. Une fusée monte dans le ciel et retombe en une pluie d'étoiles qui rougeoient dans le crépuscule comme les rubis de Miss Brooke. C'est plus beau que tout ce que Kizzy a jamais vu. Une autre fusée monte, bleue et verte...

– Des saphirs et des émeraudes... chuchote Kizzy à Chuff.

Mais le chat, qui a horreur des feux d'artifice, est rentré en toute hâte dans la maison. Kizzy traverse le salon et gagne la grille devant la maison.

– Lizbeth, dit Clem à sa sœur d'un ton enjôleur, va chez Miss Brooke et demande à Kizzy de venir nous rejoindre.

– Vas-y, toi.

– Elle ne viendra pas pour moi, à cause de vous, les filles.

– Elle ne viendra pas pour nous.

– Je crois qu'elle viendrait si tu lui demandais, toi. Essaie, de toute façon. Allez, Lizbeth... Vas-y toi aussi, Mary Jo.

Elizabeth réfléchit un instant et dit :

– Il faudrait que ce soit Prudence.

– C'est justement Prue qu'elle déteste.

– Justement, renchérit Elizabeth – mais elle n'est pas très sûre d'elle.

– Ecoute, dit Clem, si tu arrives à persuader Prudence et Mary Jo d'aller chercher Kizzy et qu'elle vienne, je te donnerai ma boîte de crayons toute neuve. De toute façon, vous voulez vous réconcilier, tu le sais bien.

Et c'est ainsi que trois petites filles trouvent Kizzy à la grille. Kizzy tient la grille bien fermée.

– Nous ne sommes pas venues nous disputer, dit tout de suite Elizabeth.

– Pourquoi donc alors ? demande Kizzy, qui souffle à nouveau comme un petit dragon.

– Pouce, Kizzy ! implore Prudence, proposant la trêve.

– Nous sommes venues t'inviter à regarder le feu de joie avec nous, dit Mary Jo.

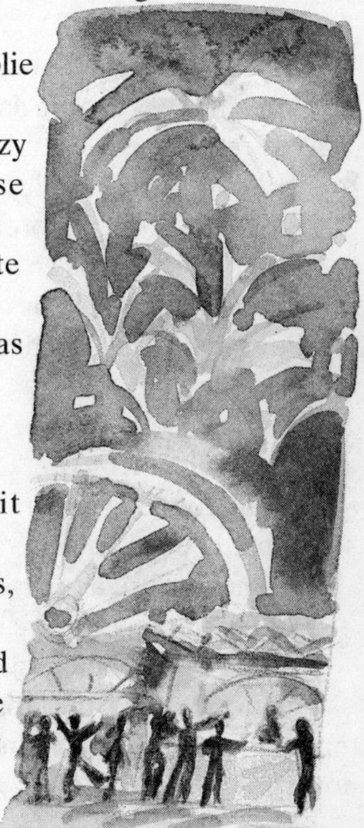

– Viens, je t'en prie, la supplie Elizabeth.

Un instant, le cœur de Kizzy bondit, mais la coquille se referme bien vite.

– J'ai un feu pour moi toute seule, dit-elle fièrement.

– Ce n'est pas possible, pas comme le nôtre.

– Mieux que le vôtre !

– Montre.

– Défense d'entrer ! dit Kizzy.

– Alors, on ne te croit pas, dit Prue.

Kizzy leur lance un regard noir et fulgurant. Puis elle ouvre la grille en grand et dit :

– Venez...

– Oh !...

– Oh !... Oh !...

– Oh ! là, là !...

Elizabeth, Mary Jo et Prudence, dans le petit verger, dévorent des yeux les pommiers et leurs pommes rosées, le feu où chante la bouilloire, la roulotte éclairée qui laisse entrevoir la porcelaine.

– Oh ! là, là, là, là !...

– C'est une caravane comme une toute petite maison ! crie Elizabeth.

– Je n'ai jamais rien vu de pareil.

– Et c'est à toi ?

Kizzy fait oui de la tête. Elle se gonfle d'orgueil.

– Vous pouvez entrer dans la roulotte si vous voulez.

Avec respect, elles gravissent les marches, et le feu du pré communal s'efface de leur esprit.

– Regardez les petits oreillers !

– De vrais édredons en patchwork !

– Pourquoi y a-t-il deux couchettes ?

– Pour que je puisse inviter une amie à passer la nuit, répond Kizzy.

– Alors, tu dors ici ?

– Des fois, dit Kizzy.

– Miss Brooke te le permet ?

– Quand j'en ai envie.

– J'aimerais être à ta place, dit Elizabeth.

– Je t'inviterai peut-être un jour.

– Que la porcelaine est jolie ! dit Mary Jo.

– Elle a cent ans, déclare fièrement Kizzy. Elle appartenait à Kezia Cunningham, du château. Et je porte son nom ! se vante-t-elle.

– Alors, l'amiral Twiss a construit ça pour toi ?

– Oui, c'est mon ami.

Kizzy se sent de plus en plus gonflée d'orgueil.

– Mais... il te faut un poney, dit Prue.

– Le poney n'est pas encore arrivé.

– Et tu vas même avoir un poney ?

– Vous voulez du thé ?

Kizzy se dit qu'il vaut mieux arrêter de parler du poney.

– L'eau bout, annonce-t-elle, ce qui attire l'attention des petites filles sur le feu.

Pour la première fois, Prudence fait une critique.

– Le feu est tout petit.

– Il faut bien, dit Elizabeth, il doit être en accord avec le reste.

– Elle avait dit que c'était un grand feu.

– Il peut le devenir, dit Kizzy. Je peux le rendre aussi grand que je veux.

Quelque chose en elle lui murmure qu'elle se vante trop ; pourtant elle continue, elle déplace le porte-bouilloire et la bouilloire et jette du bois à pleines brassées.

– Tu as éteint le feu ! proteste Prue.

– Mais non ! dit Kizzy qui va au garage chercher le bidon d'essence que Miss Brooke garde en réserve.

– Voyons, Kizzy, tu ne peux pas mettre de l'essence sur le feu, c'est dangereux.

– Reculez-vous, ordonne seulement Kizzy.

Elle ne veut verser que quelques gouttes, mais le bidon est lourd. L'essence jaillit et Mary Jo crie : « Kizzy ! » au moment même où a lieu l'explosion. Kizzy laisse tomber le bidon et saute en arrière, évitant l'éclair de feu. En un instant se dresse un mur de feu et les flammes s'échappent vers la maison. Le chaume de l'avant-toit de la partie en L s'enflamme aussitôt, tandis que le vent pousse les flammes vers le haut.

La chaleur brûle le visage des petites filles. Dominant le bruit des flammes, Elizabeth crie :

– La roulotte ! La petite roulotte !

– Peu importe la roulotte ! répond Kizzy, criant aussi. Olivia... Miss Brooke, elle dort dans la maison.

Aucune ne peut la retenir ! Kizzy a contourné le brasier et plongé dans la fumée de la petite maison. Elizabeth hurle ; Mary Jo se met à sangloter, mais Prudence n'est pas la fille de Mrs Cuthbert pour rien !

– Cours, Beth ! ordonne-t-elle. Cours chercher Clem ! Cours chercher des hommes.

– Il vaut mieux... appeler... les pompiers... dit Elizabeth d'une voix étranglée.

– Ils ne croiraient jamais des enfants un soir de 5 novembre, dit Prue, calme et décidée. Cours !

Et Elizabeth part en courant, se faufilant par le salon qui n'est pas encore en flammes. Mais elle laisse la porte ouverte, ce qui attise le feu. Le salon s'emplit de fumée.

Prudence reste calme.

– Viens avec moi, Mary Jo !

– Là-dedans ?

– Il le faut bien ! Nous devons absolument les sortir de là. Viens donc ! N'aie pas peur !

En entrant dans la maison, elles entendent de faibles cris.

– On arrive ! crie Prue, mais elle ne se précipite pas dans l'escalier comme Kizzy.

Elle court dans la cuisine, trouve deux torchons et les passe sous le robinet.

– Mets-toi ça sur le nez et la bouche, ordonne-t-elle à Mary Jo en lui donnant l'un des torchons. Attache-le bien ! Viens maintenant !

– Là-haut ? demande Mary Jo en reculant. Mais il y a de la fumée.

– Evidemment. Allez, viens !

L'escalier est raide, en une seule volée de marches avec un petit palier en haut. La fumée se soulève sous elle en vagues et emplit le salon.

– A plat ventre ! ordonne Prue par-dessus son épaule.

Elles entendent Kizzy tousser et hoqueter au-dessus d'elles ; puis elles la voient qui essaie frénétiquement de franchir une porte en traînant le corps de Miss Brooke. Derrière Kizzy, la pièce vomit des torrents de fumée.

Au moment où Prue, à quatre pattes, parvient près d'elle, Kizzy s'étrangle, se plie en deux et tombe. D'un mouvement vif, Prue l'attrape par les cheveux ; Kizzy est légère, facile à déplacer, et Prue la passe à Mary Jo.

– Lance-la dans l'escalier !

– La lancer ? s'étonne Mary Jo.

Leurs voix sont étouffées par les torchons.

– Oui ! Vite !

Des morceaux de chaume enflammé traversent le plafond, le feu court le long des vieilles poutres.

– Lance-la ! Dépêche-toi !

– Mais elle va se faire mal !

– Peu importe ! Vite !

Lancée par Mary Jo, Kizzy, légère, descend en roulant sur elle-même.

Pour Miss Brooke, il faut s'y prendre autrement : bien que menue, elle est inconsciente, ce qui la rend très lourde pour deux petites filles.

– Tire ! hoquette Prue.

– Je ne peux pas !

Mary Jo tousse ; leurs yeux rougis coulent, brûlent ; elles ont les joues en feu.

– Je ne peux pas, répète Mary Jo.

– Il le faut !

Prue serre les dents et, de toute la force de leurs petits bras, elles tirent Miss Brooke jusqu'au palier.

– Attrape-lui les jambes ! hoquette Prue. Descends !

Mary Jo recule de trois marches.

La chambre est maintenant en flammes, mais Prue s'agenouille en haut de l'escalier, relève la tête et les épaules de Miss Brooke et se glisse sous elle.

– Tire... dit Prue avec peine, car le tochon mouillé a glissé.

Une pleine bouffée de fumée la fait suffoquer et elle répète, plus faiblement :

– Tire...

Mary Jo saisit les jambes de Miss Brooke, qui glisse sur le dos. Prue s'aperçoit que ses cheveux crépitent ; une douleur au cou la brûle.

Sa robe a pris feu !

Elle fournit un dernier effort désespéré, et Miss Brooke culbute, entraînant Mary Jo avec elle, tandis que des pas précipités se font entendre. Un des hommes entrés dans la maison s'empare de Kizzy, un autre de Mary Jo. Prudence, elle, chavire et dégringole l'escalier pour atterrir, par-dessus Miss Brooke, dans les bras d'un troisième homme. Celui-ci saisit le tapis, y enroule prestement Prudence, éteignant ainsi sa robe en flammes. Deux autres hommes se chargent de Miss Brooke.

– Mince alors ! disent ces hommes. Nous les avons sorties juste à temps.

– Ce n'est pas nous ! C'est la petite Prudence Cuthbert, plutôt !

– Où est-elle ?

La vieille Rolls a traversé le village à toute allure. Peters, Nat et l'amiral en descendent aussitôt.

Deux pompes à incendie fonctionnent, des pompiers piétinent le jardin. Certains meubles du rez-de-chaussée, transportés dehors, sont entassés pêle-mêle, trempés d'eau sale et noirs de fumée. La fièvre de l'incendie a effacé celle du feu de joie ; la moitié du village au moins est assemblée devant la petite maison. L'amiral Twiss fend la petite foule comme on fauche un champ de blé.

– Comment a-t-il pu arriver si vite ? se demande chacun.

– Le docteur jouait aux échecs avec lui, explique Nat, et l'hôpital a téléphoné.

– Où est-elle ?

A voir le visage blême de l'amiral, un murmure circule :

– Dieu, qu'il aime cette enfant !

– Est-elle vivante ? Blessée ? Où est-elle ?

– La petite fille va bien, amiral, dit le chef des pompiers en s'approchant. Toutes les petites filles vont bien ! Elles ont souffert de la fumée, bien sûr. L'ambulance les a emmenées à l'hôpital. L'une d'elles est légèrement brûlée, mais ce n'est pas grave.

L'amiral semble toujours hébété, et une douzaine de voix le rassurent.

– Elle va bien, Kizzy va bien, monsieur !

– Non ! Non, pas Kizzy, dit l'amiral. Du moins, Kizzy, oui... mais pas Kizzy...

Et il crie, debout devant tout le monde :

– Où est-elle ? Est-elle blessée, elle ? Olivia ? Miss Brooke ?

– Je vous avais bien dit qu'elle cherchait à lui plaire... dit Mrs Cuthbert.

Au village on ne se rappelle pas avoir connu époque plus agitée. Mary Jo et Kizzy sortent de l'hôpital le lendemain. Kizzy va habiter chez les Oliver. « Chez Clem et Elizabeth », dit-elle. Prudence sort ensuite. Avec ses pansements au cou et aux mains, elle est l'héroïne du village. Il ne serait pas étonnant qu'on lui donne une médaille.

– Elle a la tête sur les épaules, celle-là ! doit reconnaître Peters lui-même.

La petite maison noircie est à moitié en ruine. On l'a couverte de bâches.

– Maintenant, vous ne pouvez plus vivre ici, dit à Miss Brooke l'amiral qui est allé droit à l'hôpital le soir de l'incendie, et qui s'y rend depuis, régulièrement, chaque jour. Kiz et vous serez obligées de venir à Amberhurst.

– Mais...

– Des bavardages. Oui, il y aura des bavardages.

L'amiral parle avec irritation, mais ses sourcils ne s'agitent pas. Il ajoute :

– Mais il y a une façon d'y mettre fin, Olivia, si vous dites oui.

– Pour Kizzy...

– Pas pour Kizzy, mais pour vous et moi. Je pensais aussi à Kizzy, bien sûr, mais quand j'ai cru que vous étiez brûlée...

Les sourcils et la moustache de l'amiral s'agitent si violemment qu'il doit aller à la fenêtre.

– Cela ne sert à rien. Il vous faudra dire oui, Olivia.

– Oui, dit enfin Miss Brooke.

C'est un petit peu plus tard qu'elle demande, avec des yeux rieurs, comment l'amiral va s'y prendre pour annoncer la nouvelle à Peters et à Nat !

Chapitre sept

– Ma roulotte a brûlé, tout comme celle de grand-mère, alors je suis morte ? a demandé Kizzy en revenant à elle à l'hôpital.

« Je dois être morte », pense-t-elle.

Mais, sans être vraiment sur le point de devenir une étoile, la petite Kizzy de jadis est morte, d'une certaine façon.

– Je ne voulais pas aller voir le feu de joie, avoue-t-elle à l'amiral. Je faisais l'intéressante... J'ai failli tuer Olivia !

Elle retient son souffle et ajoute :

– Si Mary Jo et Prue...

– De courageuses petites filles, commente l'amiral, surtout Prudence.

Surtout Prudence.

– Je l'inviterai à s'asseoir à côté de moi, dit Kizzy, la gorge serrée, à... à condition que Clem veuille bien, lui aussi, s'asseoir à côté de moi.

Peters est en train de glacer un gâteau d'anniversaire dans la grande cuisine du château : c'est un gâteau tout blanc, à trois étages, qu'il va décorer de cerises rouges et de perles d'argent, puis couronner de huit bougies rouges. Et Peters a promis d'écrire en lettres de chocolat : Bon anniversaire, Kizzy.

– Je croyais que tu avais dit que tu ne voulais t'occuper de rien ! dit Kizzy.

– C'est ton gâteau d'anniversaire, non ? demande Peters. Tu n'as jamais eu de gâteau jusqu'à présent. Crois-tu que je laisserais quelqu'un d'autre le confectionner ? Finalement, tu n'as jamais eu d'anniversaire, sans parler de goûter d'anniversaire.

– Alors, ça ne t'ennuie pas, le goûter ?

– Que ça m'ennuie ou non, c'est pareil, répond Peters en faisant habilement tourner le gâteau. Si on laisse entrer une femme, on peut aussi bien en laisser entrer cinquante...

Madame l'amirale Cunnigham Twiss... Ces mots n'arrivent pas à franchir les lèvres de Mrs Cuthbert. Nat aurait dit qu'ils ne « passent pas ».

– Je trouve cela merveilleux ! soupire Mrs Blount. Et dire que c'est Kizzy, la petite nomade, qui les a rapprochés... Ils vont l'adopter. Elle s'appellera Kezia Cunningham Twiss.

Mrs Cuthbert n'arrive pas non plus à accepter ce coup de théâtre.

– Et quand on pense qu'elle est venue me vendre des fleurs à la porte du jardin ! D'une certaine façon, c'est moi qui ai tout mis en marche ! commente-t-elle avec amertume.

– Je suppose que vous avez vu Olivia ? poursuit Mildred Blount.

– Non, bien sûr. Vous verrez qu'elle n'aura plus que faire de nous maintenant ! Madame l'amirale Cunningham Twiss !

Le téléphone sonne.

– Edna ?

– C'est Olivia, murmure Mrs Cuthbert, et elle répond au téléphone d'une voix méfiante : oui, Olivia ?

– Nous organisons un goûter pour remercier tout le monde au village, en particulier Prudence, et aussi pour l'anniversaire de Kizzy.

– Je ne savais pas que vous connaissiez sa date de naissance.

– Nous lui avons donné celui d'une autre Kezia : c'est son prénom maintenant. Nous espérons que tous les enfants viendront. Peut-être Mildred et vous, Edna, pourriez-vous m'aider ?

– Au... au château ?

Mrs Cuthbert n'en revient pas.

– Mais oui, répond Miss Brooke.

– Ça alors ! s'exclame Mrs Cuthbert en reposant le récepteur. Je me demande comment elle arrangera cela avec Mr Peters.

Kizzy est ennuyée.

– Olivia, que se passe-t-il à un anniversaire ? Je sais qu'il y aura une couronne de fleurs... Je... ne veux pas porter de couronne de fleurs parce que tout le monde sera là.

– Tu sais, à cette époque de l'année, il n'y a pas beaucoup de fleurs pour fabriquer une couronne.

– Il y a du houx. Ça pique, dit Kizzy, l'air sombre.

Le regard fermé de naguère est presque revenu.

– Et elles vont me cogner par terre et me tirer les cheveux. J'aimerais mieux avoir quatre ans que huit.

– Ecoute, elles ne te cogneront pas, elles ne te tireront

pas les cheveux et on ne te fera pas non plus de couronne parce que le 9 décembre est un samedi, et il n'y aura donc pas classe.

– C'est vrai !

Kizzy est soulagée, mais ses sourcils restent froncés.

– Mais que se passe-t-il donc pour un anniversaire ?

Olivia fait venir Kizzy près d'elle.

– Pour un anniversaire, en général, on attend ; mais d'abord, dès qu'on s'éveille, on regarde sous l'oreiller.

Avant l'aube, ce samedi-là, Kizzy regarde donc sous son oreiller. Et que trouve-t-elle ? Une petite cravache au pommeau d'argent, avec un pompon rouge vif. « Quelle drôle d'idée de m'offrir cela ! » songe Kizzy. Elle aime pourtant bien tenir la cravache ; elle pourra ainsi faire semblant d'être Kezia Cunningham. Elle prend le petit déjeuner avec Olivia et l'amiral et sa place est entourée de paquets ; encore de « drôles de choses ». Il y a un chandail jaune offert par Olivia, une paire de petits gants de fil offerts par Peters et, offertes par Nat, une brosse et une étrille miniatures. « Pour que je puisse aider à soigner les chevaux... » se dit Kizzy. Il n'y a rien de l'amiral. En revanche, elle trouve beaucoup, beaucoup de cartes.

– Tout le monde au village a dû en envoyer ! fait remarquer Olivia.

Et ensuite, le grand moment arrive. L'amiral Twiss conduit Kizzy à la bibliothèque et ouvre la grosse Bible.

– C'est aujourd'hui ton anniversaire, dit-il, et je vais inscrire ton nom.

Kizzy regarde, respirant à peine, tandis que, de sa belle écriture allongée, l'amiral écrit : Kezia Lovell Cunningham Twiss, 9 décembre, huit ans.

– Lovell ? demande Kizzy.

– Tu es ce que tu es, dit l'amiral.

– C'est ce que disait grand-mère.

– Elle avait raison, et ne t'abaisse jamais à faire semblant d'être autre chose. Tu dois être fière d'être une Lovell, fière de ta grand-mère.

– Je le serai toujours, déclare Kizzy, tête droite. Je le suis.

On entend Nat siffler dans l'allée, et l'amiral dit à Kizzy :

– Je crois que Nat t'appelle.

La matinée est claire et froide, et le soleil entre à flots par la porte. Depuis ce moment-là, il semble à Kizzy que le soleil entrera à flots pour toujours. Il y a de la gelée dans l'air, ce que Nat appelle « un temps à onglée ». Kizzy perçoit alors une bouffée de quelque chose qu'elle aime, qu'elle connaît : une bonne odeur de cheval et de cuir ; et là, dans l'allée, Nat, tout en s'efforçant de ne pas sourire, tient le plus joli poney que Kizzy ait jamais vu : un petit poney bai qui mesure un mètre vingt environ. Sa crinière sombre et sa queue flottante ont été soigneusement démêlées ; sa robe brille, ainsi que sa selle, sa bride et son mors d'argent tout neufs. Il agite ses petits sabots sur le gravier.

– Doucement... doucement... dit Nat.

– Mais... à qui est-il ? demande Kizzy, éblouie.

– Il n'est sûrement pas à moi, dit Nat. Ni à l'amiral, ni à Madame. Je pense que Peters ne voudrait pas le monter. Je crois donc qu'il est pour toi.

Kizzy monte pour la première fois ce matin-là, dans le manège entouré d'une palissade, où Nat dresse les jeunes chevaux à la longe. Elle fait marcher le poney autour du manège sous la direction de l'amiral ; elle essaie de bien tenir les rênes, de se servir de ses jambes, de faire parfaitement les exercices que l'amiral lui explique, sous l'œil critique de Nat.

– Une demi-heure suffit, dit l'amiral. Mais du dois apprendre à rentrer ton poney toute seule. Enlève-lui la selle et la bride et passe-lui le licou. Donne-lui de l'eau et mène-le à son box pour qu'il se refroidisse pendant que tu nettoies tout ton attirail.

Kizzy a soudain une idée qui la peine, mais elle ne dit rien à l'amiral.

– Nat, dit-elle tout en polissant et repolissant la petite selle, Nat, crois-tu que... Joe serait fâché ?

– Fâché pour quoi ?

– Fâché que je l'aie remplacé.

– Bien sûr que non. Il serait content de penser qu'il t'a fait aimer tous les chevaux ; de plus, ce poney n'est pas un autre Joe. Il s'appelle Joey.

– Joey...

– Et le vieux Joe sait qu'il serait lui-même trop gros pour ta roulotte. Ce poney est juste comme il faut.

– Mais je n'ai plus de roulotte maintenant...

Il est près de trois heures, l'heure du goûter.

Le goûter a créé une autre inquiétude chez Kizzy, un faux pli dans son bonheur. Mais elle n'en parle pas jusqu'à ce qu'Olivia lui demande :

– Kizzy, qu'y a-t-il ?

– Rien.

– Si, dis-moi.

– Olivia, dit Kizzy, quand... quand les filles de l'école vont à des goûters, elles portent toutes une robe. J'ai des jupes et des tricots très jolis, mais pas de robe.

– Ah bon ?

– Bien sûr, tous mes habits sont propres...

– Ah bon ? répète Olivia. Tu devrais monter voir dans ta chambre.

Sur le lit blanc tout neuf, une robe est étalée. La dernière robe qu'avait eue Kizzy, c'était celle de coton rose toute crottée ; celle-ci est en tissu marron très doux, avec des manches bouffantes en mousseline blanche et une encolure bordée de dentelle blanche. Le corsage est lacé de bleu et un ruban de velours de même couleur court tout autour de la jupe.

– C'est... c'est la... robe de Kezia ! dit Kizzy dans un souffle.

– C'est la robe de la nouvelle Kezia, répond Olivia.

Le salon a été ouvert aux grandes personnes. Le goûter des enfants est servi dans la salle à manger. Le gâteau de Peters trône, entouré d'une couronne de houx.

– Tu vois, tu n'auras pas à porter de couronne, puisqu'elle est autour du gâteau ! fait remarquer Olivia.

Après le goûter, il y aura des jeux et un magicien. Ensuite, l'amiral a promis de lancer sur le lac un remorqueur, l'Elsie May, qui doit toucher la rive, chargé de bonbons, un paquet pour chaque enfant.

– Il n'y a jamais eu pareil goûter au village ! dit Clem.

– Au château non plus, avoue Peters.

– Pas depuis cent ans au moins, ajoute l'amiral Twiss.

Pourtant Kizzy est mal à l'aise.

C'est là en effet un goûter organisé pour Kezia Cunningham Twiss. Kizzy Lovell, elle, aurait pu inviter quelques garçons – et des filles, pense Kizzy de mauvaise grâce – à venir autour de son feu dans le verger, si elle avait eu un feu et un verger. Autrefois, quand d'autres nomades quittaient la route pour venir voir grand-mère et camper dans le verger pour la nuit, on faisait passer de la nourriture à la ronde, on préparait du thé. Puis grand-mère fumait la pipe avec les hommes. Quelqu'un sortait alors un harmonica ou un violon, et tout le monde chantait. Souvent on dansait, et les silhouettes se détachaient sur l'obscurité des arbres et du ciel, tandis que le feu s'activait comme si les étincelles étaient de la musique. Voilà comment elle envisageait, elle, un goûter. Et, toute belle dans sa robe neuve, elle va regarder par la fenêtre, les yeux perdus au-delà de la rangée d'arbres qui entourent le verger de l'amiral.

– J'aimerais bien avoir mon petit verger et ma roulotte, soupire Kizzy.

Mais elle est Kezia, avec son poney et une belle maison.

– Comme une petite princesse ! Te voilà comme une vraie petite princesse. Tu n'as plus rien du petit cruchon que tu es en réalité, dit Peters.

Pourtant les aspirations de la bohémienne de naguère sont toujours là.

Elle retourne à la salle à manger où, aidée de Mrs Cuthbert, Mrs Blount et Mrs Oliver, Olivia dispose de bonnes choses sur les tables : sandwiches, chips, confitures, meringues.

– J'aimerais bien qu'ils ne viennent pas, murmure Kizzy.

Sa coquille s'est refermée.

– Ce n'est pas pour moi qu'ils viennent, ajoute Kizzy, c'est pour le château. Comme la fois où Prue est venue. Aucun ne m'aime, sauf Clem.

L'horloge de la coupole des écuries sonne trois heures.

– C'est l'heure ! crie Mrs Blount.

Kizzy s'enfuit trouver Peters à la cuisine.

– Et alors ? Tu devrais être à la porte pour accueillir tes invités, lui reproche Peters.

Kizzy se jette dans ses bras.

– Je ne veux pas les accueillir ! Je ne peux pas ! Ils ne m'aiment pas ! Ils viennent juste pour le château ! Ils ne m'aiment pas !

– Tu te plains pour rien, pas vrai ? dit Peters.

– Je te dis qu'ils ne m'aiment pas ! répète Kizzy avec frénésie.

– Mais laisse-leur donc une chance.

Kizzy enfouit ses boucles dans la veste de Peters.

– Je vais rester ici à la cuisine avec toi.

– Il n'en est pas question !

– Je t'en prie... je t'en prie...

La voix de Kizzy devient de plus en plus aiguë. Peters prend la petite fille par les épaules, la secoue et la remet sur ses pieds.

– Tu veux une fessée ? demande-t-il d'un ton net.

Les yeux bleus de Peters sont farouches.

– Crois-tu que je vais te laisser tout gâcher ?

– Moi ? Tout gâcher ? demande Kizzy d'un ton calme, tant elle est surprise.

– Oui, toi ! Après toute la peine que nous avons prise. Tu te tiens droite et tu te conduis bien, mademoiselle Kezia !

– Je m'appelle Kizzy.

– Kizzy et Kezia.

– Moitié moitié, insiste l'enfant.

– Tu es les deux à la fois. Voilà pourquoi il te faut être grande, même si tu es petite. Et je n'ai jamais entendu dire qu'aucune des deux ait été lâche. Lève le menton, ordonne-t-il. Maintenant, va te tenir à la porte, près de l'amiral et de Madame. C'est là que tu dois être. En avant, marche !

– Mais ils arrivent tous en même temps, dit Kizzy, stupéfaite.

Et en effet, tout au long de l'allée, s'avancent en cortège tous les enfants de l'école d'Amberhurst, les garçons en tête, les filles derrière. Et qu'apportent-ils ? Kizzy, debout en haut des marches, sent ses jambes trembler si fort qu'elle doit prendre la main d'Olivia.

Au milieu d'eux, il y a une roulotte que les garçons tirent par les brancards.

– Ma roulotte... Elle n'est donc pas brûlée ? murmure Kizzy.

Loin de là ! La peinture étincelle de fraîcheur, tout comme les dorures ; les cuivres brillent, les fenêtres sont impeccables ; les rideaux blancs sont neufs, les jardinières pleines de terre. Prudence tient le porte-bouilloire, Mary Jo la bouilloire. Mais le plus merveilleux, c'est la botte de foin attachée sous la roulotte.

– P... pour Joey ? bégaie Kizzy.

– Vois-tu, lui explique l'amiral Twiss, la roulotte a échappé au feu. Elle était noire de fumée, et tout était roussi et sali, c'est tout. Les garçons l'ont sortie du jardin et cachée dans la grange des Oliver.

– Et nous avons tous travaillé pour la remettre à neuf, ajoute Clem.

– Moi, j'ai acheté ces fleurs en plastique avec mon argent à moi, dit Elizabeth.

– Maman a fait les oreillers et leurs taies, intervient Carol. Dawn et moi les avons bourrés.

– Beaucoup de nos mères ont cousu des morceaux de tissu pour confectionner les édredons.

– Maman et moi avons lavé la porcelaine avec du sable et de l'eau très froide, ajoute Prue. C'est ce qu'il y a de mieux pour le noir de fumée, et pas une soucoupe n'a été brisée.

– Ma maman a trouvé des petites cuillères à thé toutes neuves.

– Clem et les garçons ont gratté la vieille peinture et passé ensuite une nouvelle couche.

– Mais c'est l'amiral qui s'est occupé des dorures.

– Mon papa a mis des pneus de bicyclette pour que la

roulotte aille plus facilement sur la route, dit Susan, la fille du garagiste.

– Mon père a planté des oignons de narcisses dans les jardinières, annonce Jennifer, la fille des maraîchers.

– Le petit miroir, c'est moi.

– Nous, nous avons donné le tapis.

Le brouhaha continue jusqu'à ce que Nat amène Joey au trot. Joey porte un harnais, et quel harnais ! Son toupet et sa bride sont entourés de rubans de couleur ; la bride et le collier sont rouges à motifs noirs, de même que la selle, cloutée de minuscules cœurs de cuivre.

– Comme les vrais bohémiens, annonce Nat.

Il y a un silence tendu tandis que Nat et l'amiral abaissent les brancards, font reculer Joey, bouclent les courroies et attellent le poney. Un cri monte :

– Impeccable, bravo !

Trois mois plus tard, une fillette qui vient d'arriver à l'école d'Amberhurst raconte à sa mère :

– Ecoute, maman ! Il y a à l'école une fille, une bohémienne, elle porte des anneaux aux oreilles. Elle vient souvent à l'école dans une petite roulotte. C'est sa roulotte à elle. Une vraie roulotte de bohémienne. La petite fille conduit le poney toute seule. Le poney s'appelle Joey, et son harnais est rouge et noir, avec des brillants.

– Des brillants ?

– Oui, des petits morceaux de cuivre poli en forme de cœur. La petite bohémienne dételle le poney et le met dans un champ pendant la classe. De temps en temps, Mrs Blount lui permet d'inviter deux garçons ou filles à aller déjeuner dans la roulotte avec elle ; pas moi, bien sûr, mais des grandes comme Mary Jo, Elizabeth ou Prue.

Peut-être qu'un jour elle m'invitera... L'après-midi, elle attelle le poney et retourne chez elle. Ou bien elle le monte sans la roulotte ! Je voudrais bien être bohémienne...

Et la nouvelle se met à chanter, de tout son cœur, avec chaleur :

Romani, romani qui rit, mange du pissenlit...
Cling cling, chaudrons à rétamer,
Petite bohémienne...

RUMER GODDEN

L'AUTEUR

OÙ ÊTES-VOUS NÉE ?

R. G. Je suis née en 1907, dans le Sussex, en Angleterre, mais alors que j'étais toute petite, ma famille est partie en Inde où mon père allait diriger une compagnie de bateaux à vapeur au Bengale. Avec mes trois sœurs, nous avons connu là une enfance merveilleuse. Ce n'est qu'après la guerre que je suis retournée m'installer en Angleterre. Le fait d'avoir eu la chance de baigner dans deux cultures différentes marque ma vision du monde.

OÙ VIVEZ-VOUS MAINTENANT ?

R. G. J'habite aujourd'hui dans la propriété de ma fille aînée, à Thornhill, en Écosse. J'ai quatre petits-enfants et quatre arrière-petits-enfants. J'ai aussi deux pékinois.

QU'EST-CE QUI VOUS A INSPIRÉ CE LIVRE ?

R. G. La première fois que je me suis intéressée aux bohémiens remonte à l'époque où j'ai relativement bien connu les tribus nomades du Cachemire. Aujourd'hui, j'ouvre toujours la porte aux gitans qui proposent de vous vendre des pinces à linge, des balais ou des paniers qu'ils fabriquent eux-mêmes – c'est pour cette raison que, dans mon livre, les enfants crient méchamment à Kizzi : « Pinces à linge ! » Des gitans m'ont raconté que lorsqu'ils s'installaient près d'un village et envoyaient leurs enfants à l'école, ceux-ci étaient souvent rejetés par leurs camarades. C'est ainsi que m'est venue l'idée du personnage de Kizzy. J'étais indignée, mais je savais que les gens ont du mal à accepter la différence. J'espère que mon livre contribuera à les faire réfléchir.

ÊTES-VOUS UN ÉCRIVAIN À TEMPS COMPLET ?

R. G. Oui. Après mon premier mariage, j'ai connu une période difficile car je n'avais pas d'argent et devais élever seule mes deux petites filles. C'est donc ainsi que j'ai commencé… Si je n'écris plus autant qu'avant, je m'astreins néanmoins à une règle très stricte : je travaille deux heures chaque matin en me servant d'un petit carnet bleu et d'un stylo à la plume très fine. Je jette des idées, des phrases, comme elles me viennent à l'esprit, puis je laisse un peu décanter et peaufine cette première mouture jusqu'à ce que je sois satisfaite. Je désigne ensuite une « victime » et lui lis mon texte.

AVEZ-VOUS ÉCRIT D'AUTRES LIVRES ?

R. G. J'ai écrit de nombreux livres pour adultes, où je me suis essayée à tous les genres, roman, poésie, nouvelles, autobiographie ; mais j'ai aussi écrit des livres pour la jeunesse et cette alternance m'intéresse tout particulièrement. Écrire pour les enfants est un travail très enrichissant car cela oblige à être exigeant. En effet, l'histoire doit être une véritable histoire, avec un début et une fin. Il faut éviter les descriptions trop longues ainsi que l'emploi de termes trop difficiles, mais choisir ceux que l'on utilise avec beaucoup de soin. Je n'aime pas que l'on parle de moi comme d'un auteur prolifique. Je suis convaincue que si vous êtes un véritable écrivain, vous ne devez pas cesser d'écrire tant que l'envie d'écrire, elle, ne vous lâche pas.

Rumert Godden est l'un des plus grands auteurs contemporains britanniques. Plusieurs de ses romans ont été traduits dans de nombreuses langues. Elle a publié, dans la collection Folio cadet, *Prune et Fleur de Houx*. Elle a collaboré avec Jean Renoir pour l'adaptation de son roman, *Le Fleuve*.

ELSIE DE SAINT-CHAMAS
L'ILLUSTRATRICE

« Ce livre a réveillé en moi des souvenirs, raconte l'illustratrice. Même si je n'appartiens ni au monde mystérieux des gitans, ni à celui de l'Angleterre victorienne, j'ai eu la sensation de retrouver des atmosphères très familières. D'origine autrichienne, mais venue vivre en France, je garde un souvenir très vif de mon entrée à l'école. J'y fis l'expérience de la différence et de l'isolement, car je ne parlais pas le français et j'étais vêtue d'une robe folklorique ; j'apparaissais aux autres comme une petite bête curieuse. De même que Kizzy, je me suis protégée à ma façon en devenant muette et je n'avais qu'un ami, plus âgé que moi, qui me protégeait. En plus, nous avons toutes les deux la même date d'anniversaire, le 9 décembre, et le nom du remorqueur que l'amiral construit n'est autre que l'Elsie May ! Voilà qui a suffi à me convaincre que ce livre m'étais destiné.
Lorsque j'ai commencé à travailler, je revenais d'un voyage en Afrique où, pendant deux semaines, nous avions dormi à la belle étoile, avec pour seule lumière notre feu de camp et les étoiles. Mon père, qui était passionné de nature et de voyages, nous emmenait, au moment des vacances d'été, faire du camping sauvage en Espagne, en Yougoslavie. C'est dans ce pays que, suite à un accident de voiture, nous avons été dépannés par deux tziganes. Nous nous sommes retrouvés au beau milieu d'un camp de gitans, partagés entre la crainte et la fascination. Le dessin est pour moi le moyen de rendre une atmosphère, et c'est ce que j'ai tenté de faire en m'inspirant de mes souvenirs. »

Des histoires d'**enfants**
d'ici et **d'ailleurs**
dans la collection FOLIO **JUNIOR**

CELUI QUI N'AVAIT JAMAIS VU LA MER

J.M.G. **Le Clézio**

n° 492

Daniel est fils de la mer. Il a appris à la connaître à travers un livre, Sindbad le marin, mais il ne l'a jamais vue. Un jour, il part à sa rencontre.

Jon est fasciné par l'étrange beauté du mont Reydarbarmur. Il y rencontre un petit garçon. Cet enfant est-il le dieu vivant de la montagne ?

LULLABY

J.M.G. **Le Clézio**

n° 448

Vers le milieu du mois d'octobre, Lullaby a décidé de ne plus aller à l'école. Elle est partie à la découverte de ses émotions. Grâce à la mer, au travers de rencontres et de souvenirs. Une aventure de quelques jours, de toute la vie.

L'ENFANT DU DIMANCHE

Gudrun **Mebs**

n° 520

Elle est née un dimanche, la petite orpheline de huit ans. Et les enfants du dimanche ont toujours de la chance, c'est connu ! Pourtant, les dimanches s'étirent bien tristement à l'orphelinat. Un jour, apparaît une jeune femme qui prend en charge la fillette chaque dimanche…

Le jardin secret

Frances H. **Burnett**

n° 559

Mary, jeune anglaise née et élevée aux Indes, est laide, tyrannique… et malheureuse. A la mort de ses parents, elle part en Angleterre pour vivre désormais dans un étrange château perdu dans les landes du Yorkshire. Un jour, Mary trouve la clef d'un jardin défendu…

Tom et le jardin de Minuit

Philippa **Pearce**

n° 690

Les vacances commencent mal pour Tom : il doit les passer chez son oncle et sa tante, loin de son frère qui a la rougeole. Mais pour quelle raison lui est-il interdit de quitter sa chambre la nuit ? Une nuit, Tom descend l'escalier à pas de loup… Et voici qu'une porte s'ouvre sur un merveilleux jardin, peuplé d'étranges personnages où le jour et les saisons n'obéissent plus qu'aux lois du Temps.

La fille de papa Pèlerine

Maria **Gripe**

n° 723

Loëlla aime la forêt, sa maison et le vieil épouvantail qu'elle a baptisé « Papa Pèlerine ». Au village, on la dit sauvage et renfermée. Seule madame Adine l'aide à s'occuper de ses deux jeunes frères pendant les longues absences de sa mère, qui navigue sur des mers lointaines. Mais cette fois, Maman a écrit qu'elle ne rentrait pas cet hiver, il faut tout quitter et aller vivre en pension.

SANS FAMILLE T1

Hector **Malot**

n° 612

Chaque soir, mère Barberin dépose un baiser sur la joue de Rémi, l'enfant trouvé qu'elle a recueilli. Un jour, la porte de la maison s'ouvre sur un homme qui, de son bâton levé, brise à jamais le bonheur vécu par la mère adoptive et son enfant. Chassé de son foyer, Rémi est vendu au Signor Vitalis, un étrange vieillard qui dirige une troupe ambulante d'animaux savants…

SANS FAMILLE T2

Hector **Malot**

n° 617

Rémi, suivi de son chien, le fidèle Capi, découvre en Mattia, le petit Italien qui joue du violon à la perfection, un compagnon de route et de misère. Le ventre creux et le cœur battant, les deux enfants sillonnent les chemins de France pour jouer la comédie de village en village. Des événements singuliers vont conduire Rémi en Angleterre…

Maquette : Françoise Pham

Loi n°49-956 du 16 juillet 1949
sur les publications destinées à la jeunesse
ISBN 2-07-051901-5
Numéro d'édition : 85539
Dépôt légal : mai 1998
Imprimé par l'Imprimerie Hérissey, à Évreux
Numéro d'impression : 80315